미래에서 만나요!

채사장

2025. 1.

재사장의 지대넓얕

12 철학의 시작

(글) 채사장

책읽기를 좋아하는 평범한 사람이었던 채사장 작가님은 사람들과 지식을 나누는 대화를 하는 게 가장 재미있었어요. 이런 재미와 기쁨을 전하기 위해 2014년에 쓴 책《지적 대화를 위한 넓고 얕은 지식》이 밀리언셀러에 오르며 인문학 도서 신기록을 달성했어요. 이후에도 다양한 책을 써서 독자들과 소통하고 있고, 강연을 통해 많은 사람들과 지식의 즐거움을 나누고 있습니다.

(글) 마케마케

오랫동안 그림책 작가와 어린이 책 편집자로 일하며 재미있는 이야기의 힘을 믿어 왔어요. 채사장님의《지적 대화를 위한 넓고 얕은 지식》을 독자로 접하고 인문학이 삶을 바꿀 수 있다는 것을 실감하고는 어린이들에게 쉽게 전달하기 위해 알파의 이야기를 만들었어요. 매일 알파, 마스터와 함께 즐거운 지식 여행을 떠나고 있답니다.

(그림) 정용환

홍익대학교 산업디자인학과를 졸업하고 다양한 책과 매체에 일러스트 작업을 하였어요. 〈복제인간 윤봉구〉 시리즈, 《로봇 일레븐》, 《유튜브 스타 금은동》 등 다양한 어린이 책의 그림을 그렸으며 《슈퍼독 개꾸쟁》을 쓰고 그려서 제1회 '이 동화가 재미있다' 대상을 받기도 했지요. 어린이들이 교양을 익히고 더 나은 삶을 꿈꿀 수 있도록 이 이야기에 아름다운 그림과 색채를 입혀 주었답니다.

채사장의 지대넓얕 12
(지적 대화를 위한 넓고 얕은 지식)

초판 1쇄 발행 2025년 1월 20일

지은이 채사장, 마케마케
그린이 정용환
펴낸이 권미경
마케팅 심지훈, 이선경
디자인 양X호랭 DESIGN

펴낸곳 ㈜돌핀북
등록 2021년 8월 30일 제2021-000179호
주소 서울시 마포구 토정로 47, 701
전화 02-322-7187 팩스 02-337-8187
메일 sky@dolphinbook.co.kr

ⓒ채사장, 마케마케, 정용환, 2025
ISBN 979-11-93487-06-8 74900
         979-11-975784-0-3 (세트)

채사장의

지대넓얕

지적 대화를 위한 넓고 얕은 지식

12
철학의
시작

글 채사장, 마케마케
그림 정용환

Dolphin books

지혜를 사랑하는 마음으로

안녕하세요? 채사장입니다.

저는 대중에게 인문학 강의를 하며, 책을 쓰고 있어요.

제가 난생 처음 쓴 책이 《지적 대화를 위한 넓고 얕은 지식》입니다. 바로 지금 여러분이 읽고 있는 이 책의 성인판, 여러분의 부모님도 선생님도 읽었을 책이지요. 첫 책인데도 아주 많은 사람들에게 큰 사랑을 받았습니다.

그런데 이 책은 사실, 어른이 되기 전에 읽어야 하는 내용이에요. 조금이라도 더 어릴 때 알면 좋은 내용! 그래서 어른이 아니어도 잘 읽을 수 있도록 이렇게 쉽고 재미있는 책으로 만들었습니다.

왜 저는 《지적 대화를 위한 넓고 얕은 지식》과 같은 인문학 책을 썼을까요?

대답을 위해 저의 어린 시절로 거슬러 올라가 보겠습니다. 저는 책을 읽지 않는 어린이였어요. 학교에서는 맨 뒤에 앉아 엎드려 잠만 자는 아이였지요. 세상과 사람에 대해서 통 관심이 없었어요. 그렇게 어영부영 고등학생이 된 어느 날, 너무 심심한 나머지 처음으로 책 한 권을 읽었습니다. 그 책은 소설 《죄와 벌》이었는데, 책을 읽고 저는 충격을 받았어요. 제 주변의 세계가 확 다르게 보였죠. 그때부터 저는 닥치는 대로 책을 읽기 시작했어요. 세계가 너무도 신기했고, 인간이 참으로 신비했죠.

하지만 성인이 될수록 세계를 더 잘 이해하기는커녕 도무지 이해할 수 없었어요. 왜 어떤 사람은 부자이고 어떤 사람은 가난할까? 왜 어떤 인간들은 약한 자들 위에 올라서고, 전쟁을 일으키는 걸까? 궁금했어요.

역사를 잘 살펴보니 그 답이 있었습니다. 오늘날 왜 경제에 의해서 세계가 좌지우지되는지 원인과 흐름을 이해할 수 있었죠. 인문학은 이렇게 세계를 보는 눈을 뜨게 해 줍니다.

우리 인간은 '현실' 세계를 사는 동시에 '현실 너머'의 세계를 상상하고 궁금해하는 존재예요. 현실 너머의 탐험은 진리에 대한 갈망에서 출발하지요. 절대적이고, 보편적이며, 변하지 않는다는 것이 진리의 속성이라고 할 수 있어요.

진리의 후보 중 하나인 철학은 우리를 끊임없이 질문하게 하고 성장하게 해요. 아주 먼 옛날부터 철학은 '이것이 진리다!'라고 선언하기보다는 '진리란 무엇일까?', '진리를 어떻게 알 수 있을까?'와 같은 질문을 꾸준히 던져 왔지요. 시대적 문화적 흐름에 따라 진리가 어떻게 다르게 이해될 수 있는지도 탐구했고요.

우리는 지금부터 철학의 역사를 살펴보며 다양한 관점과 생각들이 어떤 방식으로 진리를 탐구해 왔는지 알아보려 해요. 과학과 기술이 급격히 발전하고 시스템이 복잡해진 현대 사회는 오히려 더욱 철학이 필요한 시대일지도 몰라요.

자, 그럼 우리 삶의 나침반이 되어 줄 철학의 세계로 지금부터 져와 함께 떠나 볼까요?

2025년 겨울에, 채사장

차례

등장인물

채

사라진 기억과 친구를 찾아 우주로 떠난 지식카페의 사장.
프톨레마이오스부터 아인슈타인까지, 과학자들에게
와 닿은 알파의 신호를 발견하고 해석한 그는
결국 신호를 따라 블랙홀에 몸을 던진다.
강력한 힘에 사로잡혀 정신을 잃었을 때, 채의 환영 속에
나타난 알파는 인간에 대해 더 알고 싶다고 고백하는데……
채는 그리웠던 옛 친구를 만나지만
과연 그와 함께 지구로 돌아갈 수 있을까?

알파

다른 차원의 우주에서 행성을 창조해야만 했던 신.
그는 지구와 똑 닮은 행성을 만들었지만
우주 상수의 작은 오차 때문에
기다리던 인간은 등장하지 않았다.
인간이 없으면 행성의 의미 또한 없다고 생각한 알파.
그런 그의 눈앞에 드디어 채가 나타났다.
다시 만난 친구는 너무도 반갑지만,
알파는 다시 예전으로 돌아갈 수 없다.

피노

리사가 만든 로봇으로
다른 차원에서 들어오는
신호를 감지하는 기계다.
말로만 들었던 알파를 직접 만나자
그동안 인간이 되고 싶었다는
소망을 밝힌다.

소크라테스

소피스트들이 활동하던 시대에
절대적 진리를 추구했던
철학자이다.

플라톤

고대 그리스 시대의 철학자이며
소크라테스의 제자로
아카데메이아를 창설했다.
서양 철학의 아버지로 불린다.

아리스토텔레스

플라톤의 제자로
플라톤과 함께 서양 철학의
중요한 근간을 마련했다.

이 책을 읽는 방법

이 책은 어른들을 위해 처음 만든 《지적 대화를 위한 넓고 얕은 지식》을 어린이들도 볼 수 있게 만든 책이에요. 많은 지식들을 하나의 흐름으로 정리해 주는 책이죠. 여러분만의 특별한 독서법을 통해 이야기 속에 숨어 있는 지식과 그 지식을 꿰뚫는 통찰을 발견하면 좋겠어요.

Step1 이야기에 집중하기

처음 읽을 땐 일단 순서대로 이야기를 따라가는 데 집중해 보세요. 이야기 속 인물들은 철학의 역사를 훑어보며 다양한 학자들을 만나고 있어요. 인물들의 생각과 심리를 잘 살펴보고 "왜 그랬을까?", "이럴 때 어떤 마음이 들었을까?" 같은 질문을 던져도 좋아요. 어려운 단어나 모르는 내용이 나오면 멈춰서 찾아봐도 되지만 일단은 계속 독서를 진행해도 괜찮답니다.

Step2 핵심 단어와 흐름 찾기

총 5화에서 펼쳐지는 이야기들은 고대부터 중세까지 철학사의 주요 개념을 다루고 있어요. 각 철학자들의 주장과 철학 사조를 세부적으로 꼼꼼히 보는 것도 중요하지만 이 책에서는 절대주의, 상대주의, 회의주의라는 세 가지 관점으로 철학사의 기본 틀을 성글게 알아볼 거예요. 이야기 속에 등장하는 철학자들의 말 속에 숨어 있는 핵심 단어를 찾고, 어떤 관점을 가지고 있는지 생각하면서 읽어 보세요. 물론 처음부터 파악하기엔 쉽지 않을 거예요. 그러나 여러 번 책을 읽고 정보 페이지를 활용하면 개념에 익숙해질 거예요.

Step3 지적 대화 나누기

"절대적이고 보편적인 진리는 과연 존재할까?"
"이 철학자는 왜 이런 생각을 갖게 되었을까?"
"내가 당시에 살았다면 어떤 입장을 취했을까?"
"과거의 철학 중에서 지금 우리에게 적용할 수 있는 건 무엇일까?"
책을 읽다 보면 여러 가지 의문점이 생길 거예요. 그리고 여러 번 꼼꼼하게 읽거나 다른 자료를 찾아보면 어느 정도 의문점이 해소될 수도 있을 거고요. 이렇게 내가 궁금했던 것, 발견한 내용에 대해 친구들이나 부모님과 이야기해 보세요. 토론을 통해 책을 읽은 것보다 더 큰 기쁨과 지혜를 만날 수 있을 거예요. 책의 마지막 장을 덮은 후에도 우리의 이야기는 계속 이어질 테니까요.

프롤로그

오로라의 밤

　　시간과 공간을 넘어 다른 차원에 자리 잡은 알파의 행성을 찾
아온 채 일행. 그들은 우주선이 수리되는 며칠 동안 이 행성에서
머물렀어. 그리고 이곳에서 눈부시게 아름다운 추억을 쌓았지.
함께 나눌 이야기들은 하늘의 별처럼 수두룩했어. 그들은 밤마
다 하늘을 보며 광활한 우주를 떠올렸고, 낮에는 야생 그대로의
생물들이 무시무시한 생명력을 뽐내는 자연을 경이로운 눈으로
바라보았지.

파란 하늘과 초록빛 식물들, 깎아지른 듯한 절벽과 투명한 호수,

오염되지 않은 지구의 모습이 이와 같았을까?
알파의 행성은 아주 작은 것부터 거대한 것까지 위대하고 찬란했어.

오로라가 일렁이는 어느 날 밤, 그들은 불가에 옹기종기 앉아 그간의 이야기를 나누었어.

따뜻한 불빛 덕에 마치 생일 파티라도 하듯 포근한 밤이었지.

알파, 그동안 혼자서 정말 힘들고 외로웠겠어요.

알파는 채의 한마디에 그간의 설움이 복받쳐 오르는 것 같았어.

울

컥

우와아아앙! 맞아! 나 정말 힘들었어!

인간을 계속 기다리고, 기다리고, 기다렸는데 나타나지 않았다고!!

피노는 알파를 꼬옥 안아 주었지. 조금 뜬금없긴 하지만 이런 따뜻함이 알파도 싫지만은 않았나 봐. 평소 같았으면 밀쳐 냈을 알파가 자기도 모르게 피노의 등을 토닥여 줬으니 말이야.

"알파, 그럼 이제 나와 함께 돌아갈까요?"

채는 알파에게 손을 내밀었어. 그러나 알파는 어쩐지 선뜻 그 손을 잡을 수 없었지.

지구를 떠날 때 조금씩 굳어 가던 채의 모습이 악몽처럼 떠올랐기 때문이야. 물론 알파 역시 당장이라도 돌아가고 싶었어. 하지만 이 상태로 다시 돌아간다면 어떻게 될까? 해결하지 못한 문제들은 분명히 반복될 거야. 채의 몸은 또 다시 마비될 거고, 카페는 지진이라도 난 것처럼 흔들리겠지.

알파는 신인 자신의 역할을 확인하고 인간 세상의 문제를 해결하고 싶었어. 그래서 평행 우주를 만들었고, 지구를 닮은 행성을 만들었지. 그리고 결국 여기까지 오게 된 거야. 알파는 고개를 들어 투명하게 흔들리는 오로라를 홀린 듯이 바라보았어. 그는 한참을 생각하더니 채를 똑바로 보고 말했어.

심각한 채의 얼굴과는 달리, 피노는 활짝 웃고 있는 거야.
마스터가 다가가 살짝 물어보았어.

이봐,
뭐가 그렇게
좋아?

앗, 죄송!
알파 님도 인간이
아니라는 게
저랑 똑같네요.
그게 너무 좋아서.

응? 그게
무슨 소리지?

너무 잘 만들어서
눈치 못 챘나 본데,

이 친구는 인간이
아니라 기계야.

치지직

내가
만들었다고.

잘 만들었지?
역시 나의
실력이란~.

찰~랑

그래, 근데 내가 인간이
아닌 건 맞는데,
그렇다고 로봇이랑 같다고
볼 수는 없지 않나?

리사는 한껏 자신에게 취해 있었고,
그러거나 말거나 알파는 얼떨떨했지.

18

알파는 피노의 말에 깊이 공감할 수 있었어. 그래, 인간들은 절대 모를 거야. 그들이 얼마나 특별한 존재인지.

"있잖아요, 저는 인간이 너무 궁금해요. 만약 과학 기술이 더 발달해서 저에게 인간의 피부가 입혀지고, 몸속에도 인간의 장기 기관이 생긴다면, 저를 인간이라 부를 수 있을까요? 마찬가지로 사고를 당해서 신체 일부를 기계 장치로 바꾼 인간도 있겠죠? 그 사람을 인간이 아니라고 말할 수 있을까요?"

일행들 그 누구도 피노의 말에 선뜻 대꾸할 수 없었어. 그들 모두 그동안 세계와 인간에 대해 알고 싶어 과학의 역사를 탐험했지만 여전히 알 수 없는 것들이 많았거든. 이 순간 어린 로봇의 순수한 질문은 모두의 마음속에 작은 파동을 만들어 냈어.

검은 하늘에 푸른 물결처럼 신비로운 빛을 내는 오로라가 흘러가는 밤이었지.

정말 인간이란 무엇일까? 인간이 되고 싶다는 피노의 소망은 과연 이루어질 수 있을까?

1
철학이란?

인간이란
무엇일까?

　알파는 크게 티를 내지는 못했지만 피노의 질문들이 내심 반
가웠다. 그 또한 아주 오래전부터 고민했던 문제였기 때문이다.
알파는 세계와 인간이 궁금했다. 그리고 어디엔가 절대적이고
보편적이며 불변하는 진리가 있을 것이라고 믿어 왔다.

　그 진리를 알고 싶어 알파가 공부한 것이 과학이었다. 과학은
많은 부분 진리에 대한 갈증을 해소해 주었지만 여전히 알 수
없는 것들이 수두룩했다. 물질적인 것만으로는 설명되지 않는
정신적인 것들 말이다.

그렇다. 우리 눈에 보이는 것이 전부가 아니었다. 실험과 관찰을 통해 알 수 있는 진리도 있지만 이 세계에는 다른 무언가가 있을 것이다. 알파는 피노를 바라보며 고개를 끄덕였다.

"나도, 마찬가지야. 아직 모르는 게 너무나 많아."

과학은 우리가 '어떻게' 공부해야 하는지를 알려 주었지만 '왜' 공부해야 하는지에 대한 답은 아직 알려 주지 못했거든.

우리가 인간과 세계에 대해 알아야 하는 근본적인 이유,

그것을 배우려면 어떻게 해야 할까?

채는 모닥불을 뒤적거리며 천천히 말을 이었다.

"철학자들은 다양한 것들을 고민했어요. 존재와 현실이 무엇
이며 지식의 범위와 한계는 무엇인지, 그리고 도덕적 가치와 행
동 기준, 예술과 아름다움의 본질까지⋯⋯. 이 모든 것들이 다
인간에 대한 탐구였겠지요?"

이 세상의 수많은 피조물 중에서
오로지 인간만이,
자신의 존재를 인식하는
유일한 존재잖아요.

뒤적뒤적

그랬다. 알파가 모든 것이 완벽한
이 행성에서 적응하지 못하고
외로움에 사무쳐야 했던 유일한 이유,
인간이 없다는 것이었다.

아…….

철학,
철학이라…….

알파는 채의 말을 입안에서
조금씩 되새겨 보았다.
가슴속에서 따뜻한 무언가가
아지랑이처럼 올라오는 것 같았다.

오랜만에 느껴 보는 따뜻한 열정이었다.

밤이 꽤 늦었기 때문에 일행은 자리를 정리하고 잠을 청하기로 했다. 다들 익숙한 듯 주변의 나뭇잎과 풀을 이용해 푹신한 이부자리를 만들어 이곳저곳에 누웠다. 알파는 날쌘 동물처럼 높은 나뭇가지의 꼭대기로 올라가 잠을 청했다.

그러나 아무리 노력해도 잠이 오지 않았다.

너무 많은 고민들이 머리를 차지한 탓이었다.

후~유

부스럭

마스터, 너 자?

끄으응

알파는 밤새 뒤척이며 생각했다.

뒤척뒤척   부~엉부~엉

혹시 내 행성에 인간이 나오지 않은 이유가……,
내가 인간에 대해 잘 몰라서가 아니었을까?

알파의 생각은 꼬리에 꼬리를 물고 이어졌다.

'만약 내가……, 인간에 대해 완전히 이해하게 된다면 어느 순간 이곳에도 인류의 진화가 이루어지지 않을까?'

알파는 자기도 모르게 한숨을 폭 하고 내쉬었다. 그 순간 청명한 하늘에 별똥별 하나가 눈부신 빛을 내며 떨어졌다. 알파에겐 마치 조금 전 질문에 대한 상위 신의 대답처럼 느껴졌다.

잠 못 드는 건 알파만이 아니었다. 리사 역시 쌔근쌔근 잠든 피노를 슬픈 눈으로 바라보고 있었다. 사실 피노는 잠든 게 아니고 잠시 배터리를 충전하는 중이었지만 말이다.

'그래, 피노라고 해서 늘 밝고 신나는 생각만 하진 않겠지.'

멀리 떨어지는 별똥별과 함께 리사의 눈빛도 무언가를 결심한 듯 반짝 빛났다.

　이른 새벽, 해가 뜨기도 전에 리사는 머리를 식힐 겸 호숫가로 산책을 나왔다. 그런데 그곳엔 뜻밖에도 알파가 이미 나와 한숨을 쉬고 있는 것이 아닌가. 둘은 서로의 퀭한 얼굴을 보고 놀리듯 웃었다. 말없이 어두운 호수의 잔잔한 물결을 바라보던 리사가 느닷없이 물었다.

　"이봐, 당신 신이라고 했지? 신이라면 피노를 인간으로 만들어 줄 수도 있나?"

알파는 화들짝 놀라 손을 내저었다.

"무슨 소리야! 나 그렇게 능력 있는 신 아니라고!"

"쳇, 그래?"

리사는 실망한 듯 입을 삐죽거렸다.

정말요?

소리 나는 곳엔 피노가 서 있었다.
곁에 있던 채도 졸린 눈을 비비며 물었다.

무슨 소리예요?
알파가 누굴 인간으로
만든다고요?

　　리사는 빙그레 웃으며 다가가 피노의 떨리는 손을 따뜻하게
마주 잡아 주었다. 몸을 낮춘 리사는 피노에게 나지막이 이야기
를 건넸다.
　　"피노, 들은 그대로야. 그리고 나는 연구를 마무리하기 위해
지구로 돌아가야 할 것 같아."

너는 여기 남아서
알파와 철학 공부를
해 보지 않을래?

"시, 싫어요! 저는 박사님과 떨어지고 싶지 않아요."

피노는 세차게 고개를 흔들었다. 리사는 피노를 잡은 손에 조금 더 힘을 주었다.

"나도 마찬가지야. 하지만 우린 네가 인간이 된 후에 다시 만나서 계속 함께 있으면 되지."

피노는 말없이 알파와 채쪽으로 슬그머니 고개를 돌렸다.

봐, 저들에겐 네가 필요해.

차원의 문을 여는 방법도 모르는 불쌍한 작자들이라고.

박사님······.

피노는 연신 고개를 저었지만, 인간이 될지도 모른다는 기대감은 강력하게 그를 붙잡았다.

피노는 눈물을 흘리면서도 리사의 제안을 받아들였다. 그 모습에 채도 알파도 애틋한 미소를 지을 수밖에 없었다. 어느덧 떠오른 해가 호숫가를 환하게 비추었다. 리사는 이번엔 채와 알파에게 다가갔다. 그들에게 마지막 인사를 건네기 위해서였다.

채는 미소를 띤 채 리사를 보며 고개를 끄덕였다. 어쩌면 이 이별은 정해진 결과였는지도 몰랐다. 채는 우주선을 타고 블랙홀에 들어가던 그 순간을 떠올렸다. 정신을 잃은 와중에 보였던 환영을. 자전거를 타고 뉴욕 거리를 달리던 그의 앞에는 알파가 쓰러져 있었다. 그리고 마냥 반가워하던 채에게 알파는 인간에 대해 더 알고 싶다고 말했다.

며칠이 지났다. 우주선의 결함은 금세 고쳐졌으나 문제는 연료였다. 그때 눈부신 태양을 바라보던 알파가 태양 에너지를 모으더니 우주선 내부를 향해 손을 뻗어 보았다. 그러자 계기판의 연료 표시등이 순식간에 차오르는 게 아닌가. 알파도, 일행들도 모두 깜짝 놀랐다. 알파는 자신의 능력이 대체 어디까지인지 얼떨떨했다.

리사는 활짝 웃으며 우주선에 올랐다.

리사가 탄 우주선은 굉음을 내며 하늘로 솟구쳤다.

피노는 우주선이 점처럼 작게 보일 때까지 한참 동안 울며 손을 흔들었다.
로봇으로 태어나 처음 맞이하는 이별에 감정을 주체하기 어려운 피노였다.

잠자코 있던 마스터가 알파의 어깨에서 고개를 쏙 내밀었다.

"일단 서양 철학이 시작된 시점부터 공부해 보는 게 어때?"

"그게 언젠데?"

"글쎄 서양 철학의 시작에 대해서는 여러 견해가 있지만, 보통은 자연철학자나 소피스트를 처음으로 보곤 하지."

알파는 반갑게 대답했다.

"자연 철학자? 나 알아!"

"탈레스는 모든 만물의 근원은 물이라고 했고, 데모크리토스는 만물이 원자로 되어 있다고 말했지? 후후, 나도 이 정도는 다 알고 있다고."

알파는 말을 마치고 자랑스러운 듯 어깨를 으쓱해 보였다. 하긴, 그동안 행성에서 심심하다며 과학 공부를 하더니 많은 것을 알게 된 알파였다. 이번엔 채가 말을 이었다.

"맞아요. 고대 그리스 사람들은 자연을 탐구하기 시작했어요. 그러다가 점차 관심의 대상이 자연에서 인간으로 바뀌게 되지요. 그때부터 본격적인 철학이 시작된 거예요."

알파는 조금 의아했다. 고대 그리스인들은 왜 갑자기 말에 집중하게 된 걸까? 그의 표정을 읽었는지 피노가 손을 들었다.

"아, 그건 당시 그리스가 처한 독특한 환경 때문일 거예요! 자료를 검색해 보면 당시 그리스는 해상무역이 발달해서 외국 문화를 많이 받아들였대요. 그러다 보니 다양한 생각이 가능해졌겠지요?"

그리스의 아테네는 최초로 직접 민주주의를 실천한 도시국가예요.

우리 지도자는 우리가 뽑지.

모두 투표하자고!

중요한 결정들은 공개적 토론을 통해 이루어졌고,

광장을 더럽히는 비둘기에게 세금을 매겨도 좋은가?

그러다 보니 설득력 있는 말하기가 중요했죠.

공공행사와 축제를 더 늘려야 합니다!

왜죠?

무슨 근거로 그렇게 주장하죠?

피노는 언제 울었는가 싶게 활짝 웃으며 말했다.

"광장이나 법정에서 늘 토론하고 논쟁을 하다 보니, 말 잘하는 사람이 최고의 대접을 받게 되었어요. 귀족들이 앞다투어 자녀들에게 말하는 기술을 가르칠 정도였어요."

말 잘하는 걸 철학이라고 할 수 있어?

확실한 건 소피스트들은 절대적인 진리를 찾을 생각이 없다는 거였어요.

과학철학자들이 만물의 근원을 궁금해했던 것에 비해

세계는 무엇으로 이루어져 있을까?

변하지 않는 *척도가 있을까?

소피스트들은 사람마다 경험이 다르고 시선이 다르기 때문에 정해진 진리는 없다고 생각했거든요.

어우, 추워.

난 더운데?

거봐, 사람마다 다르지?

만물의 척도는 인간이다!

← 프로타고라스

*척도 : 평가하거나 측정할 때 근거가 되는 기준.

소피스트들의 생각도 어느 정도는 일리가 있었다. 그러나 알파가 보기에 소피스트들의 철학은 순수한 학문적 탐구처럼 보이진 않았다. 말하는 기술만 강조한 데다가 철학이 돈벌이 수단으로 쓰인 것 같아 어쩐지 씁쓸했다.

알파는 피노의 머리를 쓰다듬으며 말했다.

"녀석, 꽤나 똑똑한데?"

피노의 얼굴이 부끄러움에 사르륵 붉어졌다.

"도움 드릴 수 있어서 영광이에요, 알파 님! 헤헷!"

그래, 결정했어!
소피스트들이 있던
고대 그리스로 가자!

꺄아!!

크흡, 그런데 주황색
문을 보니 갑자기 리사
박사님이 보고 싶......

GO GO

그런데
나도 인간이 될 수
있다니, 헤헷!

리사 생각에
눈물이 났다가도
인간이 될 기대감에
발을 구르는 피노였다.

자, 그럼
철학 여행
시작이다!

새로운 여행이 기대되는 건
알파도, 채도, 마스터도
마찬가지였다.

철학의 세 가지 견해

진리의 여정을 탐험하고 있는 어린이 여러분. 지금부터 우리는 철학의 역사를 통해 세상과 인간을 바라보는 특별한 시선을 배워 보려고 해요. 고대부터 현대에 이르는 철학의 역사에는 늘 세 가지 견해가 함께했어요. 바로 절대주의, 상대주의, 그리고 회의주의예요.

○ 절대주의

절대주의의 '절대'는 어떤 상황에서도 변하지 않는 것을 의미해요. 절대주의에서의 진리는 절대적이고 모든 상황에 적용되며 불변하는 단 하나의 진리라는 특징이 있어요. '1 더하기 1은 언제나 2다'와 같은 수학 법칙처럼 어떤 사람, 시간, 장소에도 변하지 않는 절대적인 진리 말이에요.

단 하나의 공통된 진리는 존재한다!

○ 상대주의

상대주의는 상황, 조건, 관점에 따라 달라질 수 있는 것을 의미하지요. 어떤 사람은 '매운 음식이 맛있다'라고 생각하지만 또 다른 사람의 생각은 다를 수 있어요. 입맛이나 취향처럼 상대주의는 절대적인 진리는 없고, 대신 변화하는 다양한 진리가 있다고 믿어요.

진리는 그때그때 달라진다!

○ 회의주의

회의주의는 쉽게 무엇을 인정하지 않고 의문을 제기하는 태도라고 할 수 있어요. 절대적인 진리는 없다고 생각하는 건 상대주의와 닮았지만, 인간에게 진리를 인식하는 능력이 있는지부터 의문을 두지요.

진리? 글쎄, 그런 게 있긴 한 걸까?

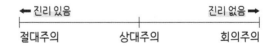

← 진리 있음   진리 없음 →

절대주의   상대주의   회의주의

한 명의 철학자의 말이나 사조를 '~주의'라고 규정하는 것은 오해의 가능성이 있어요. 그럼에도 불구하고 우리는 아주 단순한 눈으로 철학사의 기본 뼈대를 알아보려 해요. 이 뼈대에 살을 붙여 나가는 일은 앞으로 여러분이 스스로 해 나가야 할 몫이랍니다.

철학을 왜 공부해야 할까?

철학(philosophy)이라는 말은 고대 그리스의 '지혜를 사랑하다'라는 뜻을 가진 필로소피아라는 말에서 유래했다. 철학은 일상에서 사용할 수 있는 실용적인 지식이 아닌 인간과 세계를 이해하려는 학문을 뜻한다. 우리는 이러한 철학을 왜 공부해야 할까?

살다 보면 신념과 신념이 충돌하는 순간들을 만나게 된다. '살인하면 안 된다.'와 '국민은 나라를 지켜야 한다.'라는 도덕적 신념을 동시에 지닌 사람이 있었다. 그런데 만약 전쟁이 일어나 그 사람이 군대에 나가 상대의 목숨을 빼앗아야만 하는 상황이 되면 두 신념 중 무엇을 선택해야 할까? 철학은 이러한 상황에서 질문을 던질 수 있게 도와준다. 내가 믿고 있는 것이 진짜 참된 지식인지, 보편적이고 정당한지, 또 이를 뒷받침할 수 있는 근거가 충분한지를 묻고 검토하는 과정이 바로 철학의 핵심이라고 할 수 있다.

특히 현대 사회는 발달된 사회 규범으로 움직인다. 이때 법과 규범이 정당한지 묻는 것 또한 철학의 역할이다. 과학 역시 마찬가지로 세상의 많은 이치를 파악하고 목적을 이루는 방법을 제시해 주지만, 왜 추구해야 하는지에 대한 질문에는 답하기 어렵다. 아무리 시스템과 과학 기술이 발전한 사회일지라도 철학을 외면할 수 없는 이유다.

물론 철학이 모든 질문에 명확한 답을 주지는 못한다. 그러나 과거의 철학자들이 인간과 세계를 탐구했던 흔적을 따라가며 나만의 철학을 만들어 보는 과정은 우리의 삶을 더욱 풍요롭게 만들어 줄 것이다. 철학은 단순한 학문이 아니라, 우리가 인간으로 살아가는 이유를 묻고 답하는 여정이기 때문이다.

알파와 채 일행이 밤하늘 아래에서 모닥불을 피워 놓고 인간에 대한 이야기를 나누고 있어. 두 그림의 다른 부분이 10 군데 있다는데 한번 찾아보자!

2 고대철학1

누가 소크라테스를 죽였는가?

"쏴아아아!"

문 안으로 발을 디딘 순간, 거대한 파도가 그들을 덮쳤다. 비명을 지를 새도 없었다. 강한 물살에 무릎이 꺾였고, 이리저리 휘몰아치는 파도에 그들의 몸이 떠다녔다. 짜디짠 바닷물이 코로 입으로 사정없이 들어와 정신이 혼미할 지경이었다.

얼마나 지났을까? 그들은 물에 젖은 휴지처럼 해변가 바위 위에 찰싹 달라붙은 신세가 되었다.

그런데 그때, 멀리서 짐승의 울음소리 같은 것이 들려왔다.

알파는 소리가 나는 곳으로
몸을 움직여 걸어갔다.

무슨 소리지?

가까이 다가가 보니 소리의 주인은
짐승이 아니라 사람이었다. 한 사내가
바닷가에 앉아 목 놓아 울고 있는 것이었다.

한참을 울던 사내는 다가오는 알파와 채, 피노를 보더니 귀신이라도 본 듯 화들짝 놀랐다. 그도 그럴 것이 그들의 꼴이 말이아니었기 때문이다. 머리는 헝클어지고, 옷은 푹 젖은 게 거지가 따로 없었으니 말이다.

으아악!

당신들 누구요!

우, 우리?

아, 저희는 외국에서 온 이방인인데 배가 *좌초되는 바람에 겨우 목숨만 건졌답니다.

눈치 빠른 채가 적당히 둘러댔다.

그런데 그 말을 듣자마자 사내의 눈에는 그쳤던 눈물이 다시금 차오르는 것이었다.

좌… 초?

*좌초 : 배가 물 속의 바위에 얹혀 곤경에 빠진 상태.

그때 마스터가 채를 향해 작게 소곤거렸다.

"좌초? 플라톤의 책《국가》에 나오는 비유잖아?"

채는 언젠가 읽었던 책의 내용을 떠올려 보았다. 플라톤은 경험 없는 사람이 선장의 자리를 차지하면 배는 혼란에 빠지고 결국 목적지를 잃게 된다고 말했다. 지식이 부족한 사람들이 권력을 쥐고 흔드는 나라를 비유한 말이었다.

'그렇다면 저 사람이……?'

그렇다. 고대 그리스의 철학자이자 서양 철학의 아버지로 일컬어지는 플라톤. 이 울보 사내는 바로 청년 시절의 플라톤이었다!

이상한 눈으로 남자를 흘겨보는 알파와는 달리, 피노는 자기도 모르게 같이 눈물을 글썽거렸다. 그러더니 더 이상은 못 참겠다는 듯 남자에게 달려가는 것이었다. 피노는 플라톤을 꼬옥 안아 주며 달래기 시작했다.

아저씨, 울지 말고 얘기해 봐요.

혹시 아테네에 무슨 일이라도 있었나요? 네?

훌쩍, 아테네는 철학에게 범죄를 저질렀단다.

훌~쩍

범죄요?

혹시……, 그 사건?

채의 머릿속에 기원전 399년에 열린 재판이 스쳐 지나갔다.

"그렇습니다. 나의 조국…, 아테네가, 고귀한 철학자 한 분을 죽였다고요. 흐흐흑!"

플라톤은 슬픔을 억제하지 못하고 계속 울부짖었다.

"철학자는 누구고 범죄는 또 뭐지?"

알파가 머리를 긁적이자, 플라톤이 쏘아붙였다.

"아무리 외국인이라도 그렇지, 당신들은 소크라테스 선생도 모릅니까?"

그 말에 알파는 화들짝 놀라 대답했다.

"네? 아, 알죠. 이름은 알아요!"

"잘 들으십시오. 소크라테스 선생이 누구인지!"

젊은 플라톤은 이 무지해 보이는 이방인들에게 소크라테스에 대해 알려 줘야겠다고 생각했다.

"오랜 전쟁이 끝나자 우리 아테네에는 상업이 발달하기 시작했습니다. 도시에는 돈이 넘쳐났지만 그 누구도 인간의 영혼에 대해 궁금해 하지 않았습니다."

"하지만, 그분은 달랐습니다. 소크라테스 선생은 아고라에 모인 여러 사람 중에서 가장 지혜로운 스승이었으니까요."

플라톤은 눈을 감고 소크라테스를 처음 만났던 그 순간으로 꿈꾸듯 빠져들어갔다.

자아, 6분 안에 기승전결 말하는 법 알려 드립니다!

재판에서 이기고 싶다면 수사법 속성으로 들으세요!

군중을 사로잡는 최고의 스킬!

말을 잘하면 출세하는 세상······.

나도 이들 중 한 명을 골라 가르침을 받아 볼까?

아테네에 사는 귀족 자제라면, 소피스트를 통해 교육을 받는 게 당연했지요. 저 역시 마찬가지였고요.

디오니소스 극장 앞을 지날 때였어요. 누추한 차림의 한 철학자가 사람들과 대화하고 있었지요.

그는 분명 외면보다 내면이 아름다운 사람이었습니다.

그 순간, 젊은 플라톤의 몸에는 전율이 흘렀다. 귀족 집안의 막내아들로 태어나 부족함 없이 자랐던 플라톤이었다. 그도 다른 젊은이들처럼 출세를 위해 수사학이나 웅변술을 배우려고 했지만 소크라테스를 만난 순간, 그의 생각은 바뀌었다.

진리를 향한 순수한 헌신, 아무것도 모른다는 것을 스스로 인정하는 겸손한 태도, 윤리적이고 정직한 삶의 방식과 욕심 없는 행동, 그리고 번뜩이는 재치와 유머 감각까지.

이 시대에 살아 있는 유일한 철학자에게 그는 완전히 사로잡히고 말았다.

아, 신이여! 감사합니다.

소크라테스와 같은 시대를 살게 해 주셔서요.

그날 이후부터 저는 소크라테스의 제자가 되었습니다.

"산파라면 아기를 낳는 것을 도와주는 사람이지요?"

피노가 묻자 채가 웃으며 대답했다.

"응, 아기는 산모가 낳지만 산파가 곁에 있다면 더 안전하고 원활하게 출산할 수 있거든."

"심지어 선생님은 기하학을 한 번도 배우지 않은 노예 소년과 기하학에 대해 묻고 답하며 대화를 이어나가기도 하셨지요."

"으잉? 아무리 그래도 기하학은 쉽지 않을 텐데."

홀로 행성에서 기하학을 공부했던 알파였기에 플라톤의 말에 화들짝 놀라며 고개를 들었다.

그게 참 신기하게도, 선생님과 이야기를 하다 보면 저절로 깨우쳐지더라고요.

자 보렴, 한 변의 길이가 2m인 사각형이 있단다. 이 사각형의 면적은 얼마일까?

4m² 아닌가요?

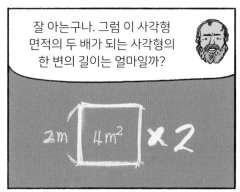

잘 아는구나. 그럼 이 사각형 면적의 두 배가 되는 사각형의 한 변의 길이는 얼마일까?

엥? 그것까진……

뭐……, 대충 4m 정도 되려나?

한 번 볼까? 네 말대로 한 변이 4m면 넓이는 16m²이 되겠구나.

이궁, 틀렸네.

여기에 이렇게 대각선을 그려 보면 어떨까?

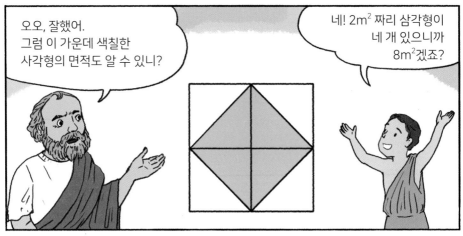

플라톤은 그 순간이 생생하게 기억난다는 듯 빙그레 웃음을 지었다.

"감탄한 사람들은 저마다 소크리데스 선생에게 수업료를 내겠다고 했지만 선생님은 거절하셨어요. 오히려 자신의 이야기를 들어준 사람에게 돈을 주고 싶다고 할 정도였죠."

소크라테스의 철학은 말하는 기술만 강조하는 소피스트와는 완전히 차원이 다른 깊이를 갖고 있었다.

"허허, 그것 참……."

알파는 가슴에 무언가 울컥하고 올라오는 것 같았다. 비로소 진리의 스승을 만난 것 같았기 때문이었다. 알파는 채를 향해 작은 소리로 물었다.

"그런데 이런 훌륭한 사람이 왜 죽은 거야?"

소크라테스의 위대함과는 달리 그를 달가워하지 않는 사람들은 점차 늘어났다. 아테네의 연극 무대에는 매일 밤 소크라테스를 비난하는 내용이 올라왔다.

소크라테스의 역을 맡은 배우는 무대 위에서 이상한 옷차림을 하고 헛소리를 늘어놓았고 관객들은 배우의 말에 까르르 웃었다. 그들은 실제로 소크라테스가 하지도 않은 말을 왜곡하고 과장하여 잘못된 정보를 퍼뜨렸다.

제자들은 차분하게 소크라테스에게 말했다.

"선생님! 재판에서 배심원들의 마음을 잘 움직이시면 됩니다. 어차피 결정은 그들이 하는 거니까요."

"최대한 자비를 청하고 불쌍하게 말씀하세요."

전문적인 변호사가 없는 시대였다. 고소를 당한 사람은 어쩔 수 없이 스스로를 변호해야 했다. 제자들의 말에 소크라테스는 깊은 생각에 잠긴 듯했다.

오로지 양심의 소리에 따라 평생을 살아온 소크라테스였기에 부끄러울 것도 두려울 것도 없었다. 재판은 시작되었고, 그는 정정당당하게 스스로를 변호하기 시작했다.

플라톤은 힘없이 말을 이었다.

"소크라테스 선생님을 고소한 사람들도 처음부터 그를 죽일 생각은 아니었을 겁니다. 자신들의 어리석음을 드러내는 선생님에게 망신을 줘서 힘을 조금 꺾을 생각이었겠지요. 하지만 너무도 당당한 선생님의 태도는 오히려 배심원들을 자극했어요."

사형을 선고받은 소크라테스는 차갑고 어두운 지하 감옥에 갇힌 신세가 되었다. 처형을 기다리는 동안 플라톤을 비롯한 소크라테스의 제자들과 친구들이 꾸준히 그를 찾아갔다.

"맞아. 잘못된 판결이지. 하지만 내가 억울하다고 해서 공동체의 규칙을 어겨도 되는 걸까? 모든 사람들이 판결을 지키지 않고 다 도망가 버린다면 그 국가가 유지될 수 있을까?"

"평생 아는 것을 그대로 행동으로 실천했던 선생님다운 결정이었습니다. 우리는 그 숭고한 결정 앞에서 어떤 말도 할 수 없었지요."

플라톤은 그리운 것을 찾듯 먼 곳의 하늘을 바라보았다.

그렇게 선생님은 독이 담긴 잔을 비우고,

온몸의 감각이 서서히 무너지는 것을 느끼며,

선생님…….

으아아아!

으흑흑흑

차분하게 죽음을 맞이하셨습니다.

으허허헝

여, 여러분?

"그 일을 겪은 후로 저는 아테네를 도망치듯 빠져나왔습니다. 그리고 지금까지 이 도시 저 도시를 떠돌고 있지요."

플라톤은 흐르는 눈물을 손등으로 훔치더니 크게 결심한 듯 두 주먹을 불끈 쥐었다.

"다시는 아테네로 돌아가고 싶지 않아요. 어리석은 판결로 세상에서 가장 진실된 사람을 죽인 나라입니다!"

알파도 두 주먹을 불끈 쥐고 플라톤에게 다가갔다.

"당신을 이해해요. 우리 함께 떠납시다!"

소피스트와 소크라테스

서양 철학은 언제부터 시작되었을까요? 많은 견해가 있지만 보통은 자연철학자나 소피스트를 그 처음으로 보고 있어요. 고대 그리스에 살았던 자연철학자들은 이 세상을 구성하는 요소에 대해 질문했어요. 만물의 근원은 불이나 물, 혹은 원자라고 생각했지요. 그 시대에 특별한 기술이나 측정 도구가 있었던 건 아니었어요. 이들은 논리적인 사유만으로 세상의 본질을 알고자 했지요.

○ 소피스트

소피스트란 그리스어로 '지혜로운 사람'을 뜻해요. 소피스트들은 절대적인 진리는 없다고 생각했어요. 기원전 5세기의 소피스트 프로타고라스는 "인간은 만물의 척도다."라는 유명한 말을 남겼어요. 진리가 개개인의 주관적 판단에 따라 달라질 수 있다는 관점이지요.

소피스트들은 사람들에게 변론술과 수사학을 가르쳤어요. 다른 사람을 설득하기 위해 말하는 방법이에요. 고정된 진리가 없기 때문에 그때그때 사람들을 설득하는 것이 더 유리하다고 생각했던 거예요.

민주주의 사회에선 말 잘하는 게 최고!

부와 명예를 얻고 싶다면 소피스트에게 배워 보세요!

○ 소크라테스

소피스트가 상대주의자와 회의주의자에 가까웠다면 소크라테스는 절대주의자였어요. 소크라테스는 소피스트들을 비판하면서 등장했고 진리의 절대성을 주장했어요.

소크라테스는 사람들과의 '문답법'을 통해 누구나 보편적이고 절대적인 지혜에 도달할 수 있다고 생각했지요. 문답법은 묻고 답하는 과정이에요. 마치 산모의 출산을 돕는 산파처럼 이미 사람들의 내면에 존재하는 진리를 질문을 통해 꺼낼 수 있다고 해서 '산파법'이라고도 불렸어요.

아기가 거의 다 나왔어요! 힘내요!

으윽

산파
아이를 낳을 때 산모를 도와주는 사람

인간은 충분히 근본적인 진리에 도달할 수 있는 존재야!

좋은 질문은 진리를 찾게 하는 산파란 말씀!

소크라테스의 생애와 철학

소크라테스(BC470? ~ BC399)

소크라테스는 기원전 470년경, 아테네에서 태어난 철학자로 귀족 출신이 아닌 평민 가정에서 자랐다. 그의 아버지는 석공, 어머니는 산파였다. 그는 당시 소피스트들과 같은 시대를 살았지만, 그들과는 달리 보편적이고 변하지 않는 진리가 존재한다고 믿었다.

소크라테스는 정의, 용기, 덕과 같은 개념들은 확실하게 존재하며 인간은 이를 통해 진리에 다가갈 수 있다고 보았다. 그리고 자신의 내면에서 말하는 '다이몬'이라 불리는 양심의 목소리를 통해 도덕성을 찾고자 했다. 소크라테스는 산파술로 알려진 독특한 방식으로 사람들과 대화했다. 그는 거리나 시장에서 만나는 시민들에게 자유롭게 말을 걸고 질문을 던지며 사람들이 가지고 있는 믿음과 신념을 되짚고 진리를 깨닫도록 도왔다. 이는 단순히 지식을 가르치려는 것이 아니라, 사람들 각자가 자신이 잘 알지 못한다는 것을 깨닫고 더 깊이 생각하도록 돕기 위한 목적이었다.

소크라테스는 정직하고 도덕적인 삶을 살았다. 하지만 그의 비판적인 질문은 당시 아테네의 시민들을 불편하게 만들었다. 결국 그는 젊은이를 타락시키고 사회를 위협한다는 이유로 고소당했고, 기워저 399년 독배형으로 생을 마감했다.

사형을 선고받고 지하 감옥에 갇혔을 때 그의 친구와 제자들이 탈옥시켜 구해 주려고 했지만, 소크라테스는 자신의 처형을 받아들였다. 그는 아테네 시민으로 법과 사회질서를 존중해야 한다고 생각했고 철학적 신념과 삶이 일치해야 한다고 본 것이다. 결국 그는 독배를 마시고 죽음을 받아들였다. 소크라테스는 직접 저술한 기록은 남기지 않았지만 그의 철학적 사상은 제자 플라톤의《대화》편 등을 통해 전해지고 있다.

소크라테스의 죽음 프랑스의 화가 자크 다비드의 작품으로 소크라테스의 마지막을 그렸다.

소크라테스는 끝없이 질문과 대답을 주고받는 과정에서 진리를 발견했어. 소크라테스가 이 시대에 있었다면 우리에게 어떤 질문을 했을까? 소크라테스의 질문에 답변해 보고 세상의 많은 것들을 생각해 보자.

소크라테스의 질문
친구란 무엇일까?

나의 답변:
_____

_____

소크라테스의 질문
어떻게 해야 좋은 사람이 될수 있을까?

나의 답변:
_____

_____

소크라테스의 질문
아름답다는 건 무엇일까?

나의 답변:
_____

_____

3 고대철학2

나가라,
동굴 밖으로!

그 이후로 알파와 채, 피노는 플라톤과 함께 여행을 시작했다. 그들은 지중해 근처 이 지역 저 지역을 돌아다니며 지혜로운 스승들의 이야기를 들었다.

이탈리아 남부 크로톤을 여행할 때는 피타고라스 학파와 만났다. 피타고라스는 만물의 근원을 수라고 생각한 학자다. 수의 원리와 비밀을 밝히면 우주의 조화와 질서 또한 알 수 있다고 주장했다. 피타고라스 학파는 금욕적인 생활을 하며 사라지지 않는 불멸의 영혼을 추구하고 있었고 플라톤 일행은 그들에게 가르침을 얻었다.

피타고라스 학파의 신비로우면서도 절대적인 이성을 추구하는 철학은 플라톤에게 큰 영향을 미쳤다.

피타고라스 학파와 헤어진 후, 플라톤 일행은
파르메니데스 학파가 머무르는 엘레아로 향했다.

파르메니데스 님과 제논 님의
사상입니다.

있는 것은 있다.
없는 것은 없다.

있는 것은 생각될 수 있다.
없는 것은 생각될 수 없다.

이성과 감각은 무엇이고,
존재와 비존재는 무엇일까.

이집트에서도 키레네와 시라쿠사에서도 그들은 철학적 탐구를 계속했다.

엘레아
크로톤
시라쿠사
키레네
이집트

정치 철학을 실제로
실험할 수 있을까?

신성한 질서란
무엇일까?

쾌락과 행복의
관계는 무엇일까?

피노,
힘들지 않아?

오랜 시간 많은 공부를 하는
피노가 걱정된 채가 물었다.

괜찮아요. 이렇게라도
인간이 될 수 있다면
너 안 것도 할 수 있어요!

모든 여행을 마쳤을 때 플라톤은 30세의 청년이 되어 있었
다. 그는 결심이 선 듯 그리스 방향의 바다를 바라보며 말했다.

"나는 이만 아테네로 돌아가려고 해."

알파는 화들짝 놀라 되물었다.

"그게 무슨 소리야? 다시는 아테네로 가지 않겠다며."

"그랬지, 그러려고 했지……."

하지만 누군가는 조국의 젊은이들에게
알려 줘야 하지 않을까?
진짜 진리가 무엇인지 말이야.

난 아테네에 학교를
만들고 싶어. 미래의
아테네가 나아갈 방향을
알려 주고 싶어.

그, 그래?
그렇다면…….

그렇게 채와 알파 일행은 플라톤과 아테네로 돌아왔다. 플라톤은 아테네 중심부에서 조금 떨어진 숲에 '아카데메이아'라는 학교를 세웠다. 그곳이 반신반인인 아카데모스에게 바쳐진 숲이었기 때문에 지어진 이름이었다.

플라톤도 현판에 들어갈 글씨를 손수 새겨서 내걸었다.

흠……, 좋아.

뭐라고 써 있는 거지?

지〜〜잉

번역을 좀 해 볼까요?

기하학을 모르는 자, 이 문으로 들어오지 말라?

헉!

좋아 좋아, 아주 마음에 들어.

　기원전 388년경, 드디어 플라톤의 아카데메이아가 문을 열었다. 얼마 지나지 않아 학교엔 학생들로 가득 찼다. 이곳에서는 철학뿐 아니라 기하학, 천문학, 지리학, 동물학과 식물학도 가르쳤고, 정치도 배울 수 있었다. 그리고 학생들은 매일 체력을 단련하는 활동도 함께 해야 했다.

　많은 상류층 집안 자제들이 이곳에서 각종 학문을 배우면서 공직에 진출할 준비를 했다. 그러나 귀족 자제들만 올 수 있는 학교는 아니었다. 사회적 신분과 상관없이 철학에 관심이 있는 학생이라면 누구에게나 열려 있었기 때문이다.

학생들 중 유독 눈에 띄는 한 학생이 있었다.

재는 맨날 책만 봐.

지혜는 '말'을 통해서만 전달된다고 배웠는데, 책이라니, 우습군.

유난히 멋스러운 옷차림에 지독할 정도로 책을 많이 보는 젊은이었다.

근데 저 녀석 아테네 시민이 아니래. 스타게이아 출신이래.

헐, 그럼 완전 촌놈이란 뜻이잖아.

얘들아! 수업 시작한다고
야외 교실로 모이래!

스타게이아 출신의 학생도
책을 덮고 정원으로 나아갔다.

학교 앞 너른 정원에는 플라톤의 이야기를 듣고자 여러 학생들이 모여 있었다. 먼 곳에서 불어온 산들 바람이 나뭇잎을 살랑살랑 흔들었다. 알파와 채, 피노도 학생들과 조금 떨어진 곳에 자리를 잡았다.

플라톤은 어떤 비유를 들어 이 세계를 설명하기 시작했다.

"땅 밑에 있는 동굴에 죄수들이 살고 있었다."

그들 뒤로는 동굴로 들어오는 입구가 있고,
죄수들과 입구 사이에는 거대한 벽과 불도 있었다.

때로는 사람들이 그 벽과 불 사이를 지나가기도 했다.
머리에 동물이나 여러 도구들을 짊어진 채로 말이다.

그땐 사물의 그림자가 동굴 벽에 비치곤 했다.
동물의 울음소리나 사람의 소리도 들렸다.

꾸웨에엑

헤헤

그동안 진짜라고 생각했던 것은 그저 그림자에 지나지 않았고, 지금껏 생생하게 들었던 모든 소리조차 동굴 안에서 전달되는 울림이라는 것을 깨달았기 때문이다.

그가 조금 걸어 나오자 동굴 입구에서 희미한 빛 한 줄기가 비추었다.

'한번 밖으로 나가 볼까?'

그는 용기를 내어
동굴 밖으로 달려 나갔다.

그는 처음으로 제대로 된 세계를 만나게 된다.
환한 햇빛, 푸른 하늘, 흔들리는 나뭇잎이 만들어 내는 그림자.
산과 들에서 생동감 있게 뛰어다니는 동물들,

새들이 내는 가늘고 아름다운 소리.
반짝이는 물결과 그 위에서 빙그르르 도는 꽃잎들.

그는 한껏 흥분한 채로 동굴에 갇혀 있는 친구들에게 달려갔다. 막상 어두운 동굴 안으로 들어오자 이번엔 무거운 어둠에 한동안 아무것도 보이지 않았다. 그는 벽을 잡고 더듬거리듯 앞으로 나갔다. 어느 정도 시간이 지나자 눈이 어둠에 적응했고 저 멀리, 묶여 있는 상태에서도 뭐가 좋은지 그림자를 보며 감탄하고 웃기도 하는 동료들이 보였다.

그는 고개를 빠르게 저었다.

"그렇지 않아! 이건 불빛에 반사된 그림자일 뿐이야. 진짜 세상은 이것보다 대단해! 위대하고 아름답다고!"

그는 동료들의 팔을 잡고 사슬을 끊어 주려고 했다.

"일어나. 우리 다 함께 진실을 만나러 가자!"

하지만 기뻐할 줄 알았던 동료들은 힘차게 그를 뿌리쳤다.

"아유, 저리 좀 가!"

플라톤은 이야기를 마치고 자신의 학생들을 하나하나 바라보았다. 그들은 잠시 진짜 세계를 맛본 이야기 속 죄수처럼 혼란스러운 눈빛이었다.

"이야기를 들은 소감이 어떤가? 우리야말로 손발이 묶인 채 그림자만 보는 죄수와 같지 않은가?"

　플라톤은 호소력 있는 목소리로 그의 이상을 설파했고, 학생들은 빛나는 눈으로 플라톤을 바라보며 고개를 끄덕였다. 현실을 벗어나 진리를 향해 가겠다고 다짐하면서 말이다.

　그런데 딱 한 명, 스승의 말에 고개를 갸웃거리는 이가 있었다. 바로 스타게이아 출신의 소년이었다.

채가 다가가 물었다.

플라톤 님의 말이 잘 이해가 안 되나 보군요!

아뇨, 그렇다기 보다….

선생님의 말씀은 뭔가 매미소리 같달까?

매미소리요?

지나치게 추상적이에요. 실제로는 어떻게 써야 할지 모르겠고요.

아, 네……, 혹시 당신 이름을 물어봐도 될까요?

내 이름? 아리스토텔레스.

두둥

한편 동굴의 비유를 들은 알파는 다리의 힘이 스르륵 풀리는
게 느껴졌다. 그는 진짜 세계를 처음 만난 죄수처럼 휘청이는 몸
을 간신히 통제하려고 애써야 했다.

'이곳이……, 진짜 세계가 아니라고?'

그의 얼굴에 오후의 선선한 바람
이 느껴졌다. 촉촉한 습도와 약간
의 따뜻함. 이 느낌은 분명히 존재
하는 바람이었다. 바람이 불 때마다 머리카
락이 콧잔등을 간지럽혔고 옷자락이 흔들렸
다. 그런데 이 바람을 허상이라고 말할 수 있을까?

'내가 경험한 모든 것이 존재하지 않는다고 말해도 되는 걸까?'

알파는 갑자기 너무 환한 빛을 만난 것처럼 눈조
차 제대로 뜰 수 없었다. 그는 속이 울렁거렸지만
어떻게든 정신을 부여잡으며 한 발씩 힘겹게 내
딛었다.

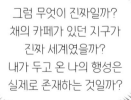

그럼 무엇이 진짜일까?
채의 카페가 있던 지구가
진짜 세계였을까?
내가 두고 온 나의 행성은
실제로 존재하는 것일까?

이윽고 알파의 몸이 스르륵 앞으로 고꾸라졌다.

"알파!"

채가 놀라는 소리가 동굴 속 울림처럼 웅웅 흩어졌다. 피노가 놀라는 소리, 마스터의 소리도 아득하게 울려 퍼졌다. 알파는 눈을 질끈 감았다. 곧이어 아무 소리도 들리지 않게 되었다.

플라톤의 이데아

○ 소크라테스의 제자 플라톤

소크라테스의 사상은 제자인 플라톤에게 이어졌어요. 소크라테스는 인간은 근본적인 진리를 찾아가야 한다고 주장했는데, 플라톤은 이 가르침을 더욱 극대화시켰지요.

그래서 '이데아'를 제시했어요. 이데아는 절대적이고 보편적이며 불변하는 진리 그 자체예요.

플라톤은 우리 영혼은 원래 이데아 세계에 존재했고, 현실은 이데아의 그림자일 뿐이라고 말했어요. 현실은 너무 변화무쌍하고 혼란스러우며 이데아에 비해 가치가 없다는 것이지요.

철학자라면 초월적인 이데아에 관심을 가져야 해.

불안정한 물질 세계에 집착하지 말라고~.

이데아

현실

플라톤

○ 서양 철학의 기틀을 세우다

플라톤은 영원한 이데아 세계를 제시했고 이로써 서양의 절대주의 철학이 출발하게 되었어요. 서양 철학 역사의 거대한 한 축을 담당하는 절대주의는 모두 플라톤의 이데아 사상에서 조금씩 변형된 것이라고 봐도 상관없을 정도예요.

인간 세계는 불완전하지만, 플라톤은 그런 인간들에게 완전하고 무한한 진리의 세계를 보여 주었어요. 플라톤은 인간 이성의 가능성을 크게 넓혔다는 평가를 받지요. 하지만 상대적으로 현실 세계의 가치를 떨어뜨렸고, 평범한 일상을 초라하게 만들었다는 비판도 받는답니다.

이 기둥은 내가 세웠지.

서양 철학

2000년의 서양 철학은 모두 플라톤의 각주에 불과하다.

영국 철학자 화이트헤드

플라톤의 생애와 철학

플라톤은 기원전 427년 아테네에서 태어난 철학자로, 귀족 가문 출신이었다. 그는 처음엔 가문의 전통을 따라 정치가를 꿈꿨으나 스승 소크라테스가 사형을 당하자 아테네 민주주의에 환멸을 느끼며 철학으로 전향하게 되었다. 플라톤은 이탈리아 남부를 여행하던 중 피타고라스 학파 사람들과 만나게 되었는데 플라톤은 이들에게 영향을 받아 수학과 이원론적 세계관을 자신의 철학에 반영하였다.

플라톤은 소피스트들의 상대주의를 비판하였고, 보편적이고 변하지 않는 진리를 탐구했다. 그의 철학은 이데아론으로 잘 알려져 있다. 플라톤은 감각 세계의 사물은 변하고 사라지지만 이데아는 보편적이고 영원하다고 주장했다. 예를 들어 원이나 삼각형과 같은 도형이 존재한다는 사실은 우리가 눈, 코, 입 같은 감각 기관으로 느끼는 것이 아니다. 이것은 이성을 통해 이해하는 것들이다. 물론 세상엔 눈으로 볼 수 있는 수많은 원과 삼각형들이 존재한다. 각각의 개체들은 사라지거나 바뀔 수 있지만 '원', '삼각형'이라는 개념은 영원하고 바뀌지 않는다. 이처럼 감각 세계 너머로 존재하는 것이 바로 이데아라는 것이다. 그는 느낄 수 있는 현실보다 이데아들이 훨씬 더 가치 있는 것이라고 믿었다.

기원전 388년, 플라톤은 아테네로 돌아와 아카데메이아라는 학교를 세우고 철학 교육에 전념했다. 그는 교육을 강조하며 덕과 지혜를 갖춘 전문가가 국가를 통치해야 한다고 주장했다. 민주주의를 비판하고 일반 대중의 정치 참여를 인정하지 않았던 것이 플라톤의 정치 철학이었다.

플라톤은 소크라테스와 달리 30여 편의 《대화》편과 서간을 남겼다. 플라톤은 서양 철학의 아버지로 불리며, 그의 사상은 오늘날까지도 깊은 영향을 끼치고 있다.

플라톤과 아카데메이아 서양 철학사 최초의 고등 교육 기관으로 플라톤이 기원전 388년경에 설립하였다.

동굴 밖으로 벗어나

동굴에서 평생을 지내 오던 알파가 드디어 자리를 벗어나 진실된 이데아의 세계를 향해 나아가려고 해. 알파가 꼬불꼬불한 동굴을 벗어날 수 있게 미로를 찾아 줘.

4 고대철학3

진리는
가까운 곳에

"알파, 알파 괜찮아요?"

"알파 님! 제발 눈 좀 떠 보세요!"

알파는 소리가 들리는 쪽을 향해서 가늘게 실눈을 떴다. 곧 걱정하는 얼굴의 채와 마스터, 피노가 보였다.

까아아!
알파 님! 살아나셨군요!
정말 걱정했어요!

피노는 달려들어 얼굴부터 비볐다.

이곳은 아카데메이아에 마련된 기숙사 침상이었다. 알파가 쓰러진 뒤 일행은 이 방에서 줄곧 정성스럽게 알파를 간호했다고 했다. 알파는 정신을 가다듬고 자신이 쓰러졌던 상황을 곰곰이 생각해 보았다.

"참을 수 없이 어지럽고 혼란스러웠어. 나의 지난 세월 모두가 이데아의 그림자였다는 걸 알게 되니 내 존재 자체가 허무한 연기처럼 느껴지더라고……."

채는 알파의 마음을 이해할 수 있을 것 같았다.

"충분히 할 수 있는 생각이에요. 과거에도 플라톤의 주장에 의문을 가진 사람들도 존재했어요. 그들은 이데아뿐 아니라 각각의 사물들도 중요하다고 생각했지요."

채가 이야기를 해 주었지만 알파는 너무 어려워 이해가 되지 않았다. 그 모습을 본 채가 피노에게 부탁했다.

피노는 내장된 컴퓨터의 자료를
홀로그램으로 띄워 보였다.

우아아!

곧 그들의 눈앞에 아름다운 명화가 펼쳐졌다.

라파엘로의 〈아테네 학당〉이란
그림이에요.

"아리스토텔레스는 플라톤의 제자였지만 스승과 의견을 달리 했지요. 이 그림에서 누가 플라톤이고 누가 아리스토텔레스인지, 손이 향하는 방향을 보면 금세 파악할 수 있어요."

왜 손의 방향을 다르게 그린 걸까? 알파는 화가의 생각을 짐작해 보려고 노력했다.

"혹시……, 플라톤이 이상을 강조했다면 아리스토텔레스는 현실을 중요하게 생각한 건가?"

알파의 통찰에 채는 또 한 번 깜짝 놀랐다.

"맞아요. 아주 단순하게 구분하면 그렇게 볼 수 있지요."

채는 얼마 전 플라톤의 강의를 듣던 아리스토텔레스를 떠올렸다. 스승님의 말씀을 매미 소리 같다고 생각했던 그 소년은 장차 자라서 인류 최대의 지성이 될 것이었다.

잠시 생각에 잠겼던 채가 알파에게 물었다.

"알파, 삼단논법에 대해 들어 본 적 있지요?"

"삼단논법? 들어 본 것 같기도 하고……."

"두 개의 전제를 통해 하나의 결론을 도출하는 아주 체계적인 추리 방법이에요."

예를 들면 바로 이해할 수 있을 거예요.

대전제 : 인간은 모두 죽는다.
소전제 : 소크라테스는 인간이다.

결론 : 소크라테스는 죽는다.

아!

이와 같은
논리학을 최초로
만든 사람이 바로
아리스토텔레스
였어요.

흐음…….
타당한 논리는
모든 지식 탐구의
기초가 되지.

논리학을 체계화했다는 것은 아리스토텔레스가 그만큼 지식을 중요하게 여겼다는 근거가 아니었을까. 논리적 사고는 철학적 탐구의 기초이기도 했다. 그러니 아리스토텔레스는 분명 지식의 본질과 정확성을 중요하게 생각했을 것이다. 알파는 무언가 결심한 듯 자리에서 벌떡 일어서며 외쳤다.

알파의 말이 끝나기를 기다렸다는 듯 피노는 신이 나서 차원의 문을 열었다.

"그럼 우리 아리스토텔레스를 만나러 떠나는 거죠?"

주저할 필요도 없었다. 알파, 채, 피노, 그리고 마스터는 그들을 감싸는 주황색 빛 안으로 거침없이 향해갔다.

문을 열고 나온 일행의 눈앞에 아름다운 섬이 펼쳐졌다. 온화한 날씨에 부드러운 햇살. 아름다운 풍경 앞에 알파와 채의 입에서 '와아' 하고 탄성이 절로 나왔다.

피노는 천진한 어린아이처럼 바닷물 속으로 뛰어들어 물장구를 쳤고, 마스터는 물이 무섭다며 알파의 머리 꼭대기로 빠르게 기어올랐다.

그는 바위 위에 두었던 왁스 태블릿에 방금 잡은 물고기들의 모습을 상세히 그리기 시작했다. 조금 이상해 보이는 어부였다. 어찌나 열중했는지 알파와 채가 가까이 다가가도 전혀 눈치채지 못할 정도였다. 그러다 뒤늦게 인기척을 느낀 어부는 깜짝 놀라 그들에게 물었다.

바닷바람에 헝클어진 머리와 정리 안 된 수염, 제멋대로 그을린 피부, 이 자가 정말 인류 최고의 지성으로 손꼽히는 철학자 아리스토텔레스란 말인가? 어쨌거나 알파는 아리스토텔레스의 손을 덥석 잡고 큰 소리로 외쳤다.

스승님! 스승님의 가르침을 받고 싶어 여기까지 왔습니다!

저도요!

호오~. 그래애?

씨~익

아리스토텔레스가 무슨 생각인지 싱긋 웃있다.

"그럼 내가 말하는 것들 좀 찾아다 주겠나?"

아리스토텔레스는 속사포처럼 지시하기 시작했다.

"강가의 철새 둥지에 가서 알들을 종류별로 좀 가져다주게. 자네는 저쪽 덩굴 식물들 좀 채집해 주고. 꼬마야, 넌 서쪽 숲에서 나무 열매 좀 따오렴. 흰쥐 씨도 같이 가서 곤충을 보이는 대로 좀 잡아 줘. 아차, 다들 뱀을 조심하게나!"

　아리스토텔레스에게 가르침을 받는 시간은 산에서 구르고, 늪에 빠지고, 벌레에 물리고, 짐승에게 쫓기고, 먼지를 뒤집어 쓰는 난리의 연속이었다.

　알파와 채는 며칠 동안 자연 체험학습이라도 온 듯 아리스토 텔레스가 지시한 풀을 뜯고 동물을 관찰하며 산과 물에서 종일 시간을 보내야 했다.

그날도 아리스토텔레스는 물고기에 대해 새로 발견한 지식들을 정리하느라 정신이 없었다. 참다못한 알파가 그의 앞을 가로막고 큰소리로 외쳤다.

"선생님! 그런데 철학은 대체 언제 가르쳐 주실 겁니까?"

아리스토텔레스는 걸음을 잠시 멈추고 생각했다.

"아, 철학?"

"나의 스승이신 플라톤 님은 감각할 수 있는 것들은 믿을 수 없다고 하셨지. 인간에게 중요한 건 이성이므로 감각에 휘둘리지 말라고 강조하셨어. 하지만 정말 그럴까?"

아리스토텔레스는 눈을 감고 어린 시절을 떠올렸다.

나는 어린 시절 마케도니아 왕궁 주치의인 아버지 아래에서 자랐네.

궁전 정원에는 식물들이 계절마다 다른 색채를 뽐냈고, 동물들도 자유롭게 뛰어 놀았어.

여기서 잠깐 놀고 있으렴.

그때부터였지, 내가 살아 있는 생명체에 관심을 갖게 된 때가.

"이 모든 것들이 정말 가짜일까? 사람의 이데아는 여기가 아닌 다른 곳에 있다고? 그렇다면 이데아의 사람들은 어떻게 숨을 쉬지? 그들도 넘어지면 피가 나고, 시간이 지나면 상처에 딱지가 앉을까? 때가 되면 머리카락이 빠지고 손톱이 자랄까?"

아니! 먼 곳으로 갈 필요 없네.
진리는 바로 이곳.
불완전한 생명체가 가득한
이 세계에 존재하니까.

두둥~

알파는 이것이 바로 철학이란 생각이 들었다.

그는 긴 시간 지구에 살면서 많은 경험을 했다. 그리고
모든 것이 연결되어 있다는 것을 몸으로 체감했다.

역사와 경제, 정치와 윤리, 과학은 모두 하나로 묶여 있었고,
이 모든 것이 철학의 다른 모습이었다.

알파와 채는 아리스토텔레스와 함께 머물며 그의 철학에 대해 시간 가는 줄 모르고 배울 수 있었다.

아리스토텔레스의 가르침은 플라톤과 확실히 다른 점이 많았다. 플라톤은 보이지 않는 세계에서 모든 것이 출발했다고 가르쳤지만, 아리스토텔레스는 현실 세계부터 관찰하고 분류하면서 사물의 본질을 찾아내야 한다고 말했다.

　　"인간이 가진 최고의 능력이자 인간만이 가진 특별한 영혼이
바로 이성이야. 이성적으로 사는 것은 우리 인간들이 존재하는
목적이기도 해. 우리는 사회 안에서 우리가 가진 최고의 능력을
발휘하며 공동체와 조화를 이루며 살아야 해."

채 일행은 레스보스 섬에서 꿈같은 시간을 보냈다. 아리스토텔레스는 현실 세계의 많은 것들에 관심을 두었고 그만큼 가르침도 다양했다.

알파와 채는 그와 대화를 나누면서 정치학, 수사학, 시학 등 다양한 지식과 통찰을 배울 수 있었다.

그러던 어느 날이었다. 섬에 한 손님이 찾아왔다.

마케도니아의 왕 필리포스 2세의 명으로 이곳에 왔습니다.

내 고향 스타게이아를 침략한 마케도니아에서 무슨 일로?

알렉산드로스! 그는 역사상 가장 위대한 정복자 중 한 명으로 유럽, 아시아, 아프리카에 걸친 방대한 제국을 건설한 인물이다. 정복한 지역에는 발전된 그리스의 문화를 퍼뜨렸고, 그가 정복한 도시는 학문과 상업의 중심지로 번영을 이루기도 했다. 그런데 그 위대한 제왕의 뒤에는 훌륭한 스승이 있던 것으로 알려져 있다. 바로 당대 최고의 철학자 아리스토텔레스였다.

하지만 지금의 그는 머리를 긁적이며 되물을 뿐이었다.

아리스토텔레스의 현실

아리스토텔레스는 스승인 플라톤에 비해 변화하는 현실에 관심이 많았어요. 하지만 플라톤이 말한 보편적이고 초월적인 진리도 인정했지요. 현상 너머의 뿌리를 탐구하는 학문을 '형이상학'이라고 부르는데 이 용어도 아리스토텔레스의 책에서 처음 나온 것이지요.

○ 질료와 형상

하지만 아리스토텔레스의 주된 관심사는 우리가 살고 있는 현실의 존재였어요. 실체가 없는 이데아보다 눈에 보이는 현실이 더 중요하다고 생각했거든요. 아리스토텔레스는 현실 세계에 존재하는 것들을 '질료'와 '형상'으로 구분했어요. 질료는 무엇인가를 만들 수 있는 재료로, 가능성의 상태에 있는 거예요. 형상은 질료를 이용해 무언가 만들어진 상태예요.

질료

형상

형상은 물질적인 질료가 있어야 해!

← 아리스토텔레스

○ 물질 세계의 변화와 움직임

최초의 질료와 마지막의 형상은 어떤 모습일까요? 아리스토텔레스는 어떤 형상도 가지고 있지 않고 가능성만 있는 질료를 '제1 질료' 반대로 맨 위에 있는 최종 형상으로 어떠한 질료도 지니지 않는 순수한 형상을 '순수 형상'이라고 불렀어요. 마치 신이나 이데아와 같은 존재지요. 플라톤의 이데아에 영향을 받았지만 아리스토텔레스가 중요하게 생각한 것은 질료가 형상으로 나아가는 움직임 그 자체였어요.

순수 형상

형상

질료

제1 질료

우리는 서양 철학의 양대 산맥이라오.

플라톤 아리스토텔레스

아리스토텔레스의 생애

©wiki

아리스토텔레스(B.C.384~B.C.322)

아리스토텔레스는 기원전 384년 마케도니아의 지배를 받던 도시 스타게이아에서 태어났다. 아버지가 마케도니아의 왕실 의사였던 덕분에 아리스토텔레스는 어려서부터 생물에 대한 관심을 키울 수 있었다. 그는 17세가 되었을 때 아테네로 유학을 떠나 플라톤의 아카데메이아에서 20여 년간 공부하며 플라톤의 사상에 큰 영향을 받는다.

플라톤이 죽은 후, 아리스토텔레스는 여러 지역을 여행하며 수생 동물을 관찰하고 생물학에 대한 연구를 이어갔다. 이후 마케도니아의 왕자였던 알렉산드로스 대왕의 스승으로 활동하기도 했다.

알렉산드로스가 왕위에 오르자 아리스토텔레스는 기원전 335년 아테네로 돌아와 뤼케이온이라는 대학을 설립했다. 이곳은 도서관과 세계 최초의 자연사 박물관을 갖춘 연구의 중심지로 무려 860년 동안이나 그 자리에 남아 있었다.

아리스토텔레스는 경험적 사례를 체계적으로 정리하여 세계를 이해하려 하였고, 이를 통해 논리학이라는 새로운 학문적 틀을 만들었다. 특히 가장 잘 알려진 삼단논법을 통해 전제와 결론을 연결하여 지식을 논리적으로 구축하는 방법을 마련했다.

> ① 대전제: 모든 인간은 영원히 살 수 없다.
> ② 소전제: 소크라테스는 인간이다.
> ✿ ③ 결론: 소크라테스는 영원히 살 수 없다.

그의 저작물의 대부분은 강의 노트 형태로 전해진다. 많은 저서가 사라졌지만 중세 유럽에서는 그의 책이 대학 필수 교재로 사용될 정도로 철학과 과학의 체계에 큰 영향을 미쳤다. 아리스토텔레스는 논리학, 생물학, 윤리학, 정치학 등 다양한 분야에서 서양 철학의 기초를 세운 것으로 평가된다.

아랍어로 쓰인 아리스토텔레스의 책

Break Time
아리스토텔레스의 삼단논법

아리스토텔레스는 세상을 이해하고 설명하기 위해 논리학의 틀을 정립했어. 그중 가장 유명한 것이 삼단논법이지. 삼단논법은 대전제, 소전제, 결론으로 이루어진 논리 체계로 체계적으로 진리를 이끌어내는 데 사용되었어. 예시를 잘 읽고, 아래 삼단논법의 결론도 추측해 봐!

예시

대전제: 모든 쥐는 털이 있다.

소전제: 마스터는 쥐다

결론: 그러므로 마스터는 털이 있다.

퀴즈 1번

대전제: 모든 새는 날개가 있다.

소전제: 참새는 새이다.

결론:

퀴즈 2번

대전제: 모든 카페에서는 커피를 판다.

소전제: 채사장의 지식카페는 카페이다.

결론:

퀴즈 3번

대전제: 모든 생물에겐 산소가 필요하다.

소전제: 공룡은 생물이다.

결론:

5
중세철학

신과 함께
숨 쉬는 시대

 가상의 문이 갑자기 열린 곳은 로마의 콜로세움이 분명했다.
영화에서나 봤던 어마어마한 크기의 고대 운동장 한가운데에
채 일행이 서 있었다. 좌석을 가득 채운 관객들의 함성 소리에
머리가 울릴 정도였다. 갑작스러운 이동보다 더 황당한 것은 그
들 앞에서 침을 흘리며 다가오는 굶주린 사자들이었다.

"피, 피노! 어떻게 된 거야?!"

알파가 소리를 지르자 피노가 울먹이며 말했다.

"저도 모르겠어요. 알파 님께서 아리스토텔레스 이후의 철학을 알고 싶다고 하셔서 중세철학이 시작된 곳으로 좌표를 잡은 건데…… 으아앙! 오류가 생겼나 봐요!"

알파는 흐르는 땀을 손등으로 닦고 천천히 주변을 둘러보았다. 이곳엔 알파 일행 말고 다른 죄수들도 있었다.

기도를 읊조리는 걸로 봐서 기독교인들처럼 보였다.

알파의 신적 능력 덕분에 목숨을 건지긴 했지만 곧 그들은 군
사들에게 끌려가 감옥에 갇히게 되었다. 운동장에 함께 서 있던
기독교인들도 같은 감옥에 들어왔다.

"사실 우리는 나쁜 종교가 아닙니다. 다들 아시다시피 기독
교는 십자가에 못 박혀 죽었다가 부활하신 유대인 예수의 가르
침을 따르는 종교지요. 사랑과 평등을 강조하며 빠른 속도로 퍼
져 나갔어요. 로마에서도 처음부터 이렇게까지 심하게 반대하
지 않았지요."

로마의 박해는 끔찍했다. 예수를 믿는다는 이유 하나만으로 수많은 사람들이 원형 경기장에 불태워지거나 관중들 앞에서 사자 밥이 되었다. 기독교인들은 박해를 피해 땅을 파고 동굴 속으로 숨어 들어 그 안에서 생활했고 그들만의 종교 예식을 비밀스럽게 행하곤 했다. 그런데 외부에서 소리만 들었을 때는 오해할 만한 것들이 많았다. 예수의 몸으로 상징되는 빵을 나눠 먹는 예식을 사람을 먹는 것으로 오해하거나, 기독교인들끼리 서로를 형제, 자매로 칭하다 결혼을 하면 이를 근친상간이라고 파악하기도 했던 것이다. 기독교인들에 대한 소위 '가짜 뉴스'는 혐오의 감정을 싣고 더 빠르게 퍼져나갔다.

무엇보다 유일신을 믿는 기독교 사상은 로마인들이 믿는 올림포스의 열두 신을 신으로 인정하지 않았다. 신으로 추앙받던 로마의 황제 또한 거부하였으니, 로마는 더욱 열과 성을 다해 기독교를 박해한 것이었다.

알파는 억울한 생각이 들어 벌떡 일어나 창살을 움켜쥐었다. 별로 힘을 쓰지도 않았는데 그들을 가두었던 창살이 엿가락처럼 휘어졌고 그들은 간단하게 감옥을 빠져나왔다.

"천사님, 감사합니다! 감사합니다!"

"허헛, 나 천사 아니래도……."

알파는 멋쩍게 웃으며 기독교인들과 인사를 나누었다.

참 안타깝네. 종교 자체만 생각하면 오히려 사람들에게 도움을 주는 내용인 것 같은데 말야.

감옥에서 나와 길을 걷던 알파는 생각에 잠겼다.

이 종교의 가르침을 철학과 잘 연결해서 정리하면, 거부감을 없앨 수 있지 않을까?

오오!

안그래도 많은 교부들이 기독교를 철학적으로 정리하기 시작했어요. 시간이 지나 오해가 풀리면서 박해도 끝나기 되죠.

특이 아우구스티누스는 플라톤의 철학과 기독교 교리를 연결한 위대한 철학자였어요.

"고민하던 아우구스티누스가 생각한 것은 신플라톤주의였어
요. 당시 중세 철학자들은 플라톤의 사상을 이어받고 정리하며
신플라톤주의를 발전시켰거든요."

설명을 들은 알파는 이 어려운 이야기도 무슨 소리인지 단박에 이해가 갔다. 플라톤의 이데아론을 직접 들었던 기억이 확실하기 때문이었다.

채는 빙그레 웃으면서 고개를 끄덕였다.

"맞아요. 이런 과정을 통해 기독교는 신비주의적인 믿음에서 탄탄한 지성의 체계를 갖추게 되었지요."

알파는 피노를 보며 눈을 반짝였다.

"피노, 중세철학이 어떻게 발전했는지 좀 더 세밀하게 정리된 것을 보고 싶어!"

피노는 눈을 찡긋하며 차원의 문을 열었다.

지이이이잉

응? 시대만 바뀐 거 맞아?

차원의 문에서 나온 알파는 이상한 것을 느꼈다.

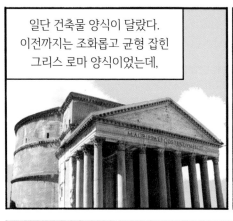

일단 건축물 양식이 달랐다. 이전까지는 조화롭고 균형 잡힌 그리스 로마 양식이었는데,

지금 보이는 건축들은 뾰족한 첨탑에 장식이 화려한 고딕 양식이었던 것이다.

오~, 역시 알파의 눈썰미란…. 5세기 후반부터 유럽의 주인이 바뀌었거든요.

우리 차지다!

게르만족의 이동 지도

북해

스칸디나비아 반도

현재의 독일

● 기원전 750년 이전
● 기원전 750년~기원후 1년
기원후 1년~기원 후 100년
● 기원후 100년 이후

로마는 내부적 혼란과 부정부패, 경제적 어려움으로 점차 약해졌다. 이 시기에 게르만족이 로마 군대의 용병으로 고용되었다. 용병들이 여기저기서 반란을 일으켜도 로마는 속수무책으로 당할 정도로 쇠락해 있었다. 결국 위대한 로마 제국은 멸망하였고 드넓은 유럽은 게르만 민족이 차지하게 된 것이다.

게르만족은 무척 용맹했고, 또 미적 감각도 뛰어났어요. 아름답게 양탄자를 장식했고 수준 높은 금은세공 실력도 가지고 있었지요.

"그런데 문제는 게르만족이 철학은 별로 좋아하지 않았다는 거예요. 실용적인 것엔 관심이 많았지만 현실과 동떨어진 진리에 대해 말하는 건 머리가 아프다고 생각했지요."

채의 말을 듣자마자 알파는 버럭 화부터 냈다.

"뭐어?! 그럼 어떻게 되는 거야? 고대 그리스부터 이어 온 서양 철학의 전통들이 싸그리 잊히는 거 아니냐고?"

다행히 게르만의 여러 왕국을 통일한 카를 대제는 왕국 곳곳에 학교를 만들었어요.

흠흠, 그래?

카를 대제 (742~814)
프랑크 왕국의 왕이자 신성 로마 제국의 초대 황제. 서유럽 대부분을 통일하여 기독교 문화를 확산시켰다.

흐음, 전쟁을 잘해서 나라를 크게 키우긴 했는데 이거 뭐 글을 아는 사람이 없으니 정치가 안 되네.

안 되겠다! 지금부터 다들 무조건 공부한다!

수도원, 궁정, 성당에 학교가 생겼고 개인이 세운 학교도 잇따라 생겼어요. 카를 대제를 따라 다른 왕들도 학교를 만들었지요.

자유 7과
-문법
-논리학
-수사학
-산술
-기하학
-음악
-천문학
-철학

그 이후로 유럽에 학문이 빠르게 번져나갔다. 학교에서는 문법학, 논리학, 수사학, 산술학, 기하학, 음악학, 천문학 등 다양한 과목을 가르쳤다. 그동안 주목 받지 못했던 아리스토텔레스의 책들도 번역되고 필사되어 수도원 곳곳에 비치되었다.

채 일행은 13세기 중세의 거리를 다니며 많은 학생들을 만났다. 학교 앞에서 커다란 양피지 노트를 들고 다니면서 시험을 걱정하기도 하고, 좋은 교수님을 찾았다고 기뻐하기도 했다.

알파가 보기에도 활기가 넘치는 시대였다.

중세가 암흑기라는 게 믿기지 않는데?

알파, 그거 알아? 이때 만들어진 학교를 '스콜라'라고 부르는 거?

스콜라? 스콜라? 흐음, 뭔가 많이 들어 본 말인데?

으아악! 혹시 스쿨?!

맞아요. 중세 시대 학교 스콜라는 스쿨의 어원이에요.

저쪽에서 학생들이 토론을 하나 보네요? 가 볼까요?

스콜라의 학생들은 철학 공부를 하다가 어떤 개념에 대해 서로의 생각을 활발하게 토론하곤 했다. 한 학생이 나서서 자신의 생각을 힘차게 이야기했다.

146

"당시엔 보편이 실제로 존재하는가에 대해 아주 오랜 논쟁을 해 왔거든요. 보편이 존재한다고 믿는 쪽을 실재론, 구체적인 사물만이 존재한다고 주장하는 쪽을 유명론이라고 해요."

채는 어려운 내용을 적당히 요약하여 들려주려 했지만 이미 알파는 살살 열이 받은 후였다.

알파의 외침에 날아간 피노는
한 뚱뚱한 사내를 치고 말았다.

아아,
죄송합니다.

아이쿠

스콜라의 학생처럼 보이는 사내였다. 그는
화를 내기는커녕 사람 좋게 웃어 보았다.

헤헤,
괜찮습니다.
다 이해해요.

보편론에 대해 이야기하고
계셨죠? 그것 참 복잡하고
아리송하지 않습니까?

헌데 우리가 이런
고민을 하는 이유는
기독교 신학과 큰 관련이
있기 때문이랍니다.

삼위일체라든가
그리스도의 본성 같은
문제를 다루려면
논리적 기초가
필요하거든요.

뭐, 그건 그렇다치고!

**그래서 보편이란 게
있긴 있는 거요?**

아아, 그게….

왜 저분한테
그러세요~.

사내는 머뭇거리더니 조심조심 말을 꺼냈다.

이데아는 없나요?

음…, 없는 건 아냐.

아리스토텔레스도 이데아가 완전히 없다고는 주장하지 않았어요.

저 또한 보편은 필요하다고 생각해요. 하지만 이데아처럼 먼 곳에만 존재하는 건 아니죠.

우리와 같은 인간 한 명 한 명의 마음속에 보편이 존재하지 않을까요? 각각의 개체도, 보편도, 신께서 만든 소중한 존재니까요.

아벨라르두스는 보편 논쟁을 체계적으로 정리한 철학자로 유명론과 실재론을 중간에서 조화롭게 연결하려고 노력한 사람이었다. 그의 사상은 스콜라 철학의 발전에 큰 영향을 미쳤고, 후세의 학자들이 더욱 깊이 논의할 수 있는 토대를 마련하기도 했다.

"저, 저는 보편자는 창조 이전부터 신의 지성 안에 존재해 왔고 지금은 인간의 지성 안에 추상화된 형태로 존재하고 있다고 생각하거든요. 그, 그럼 신의 은총이 언제나 여러분과 함께하시길 빕니다."

사내는 꾸벅 인사를 마치고 옷에 묻은 흙을 툭툭 털더니 뒤뚱뒤뚱 먼 곳으로 걸어갔다.

알파는 멍한 표정으로 멀어지는 그의 뒷모습을 한참 동안 바라보았다. 겉모습은 덩치가 크고 둔해 보였지만 누구보다 명석하고 선명한 사람이었다. 아주 잠깐 이야기를 나누었을 뿐이지만, 그리고 부드럽고 어진 심성까지 확실하게 느껴지기도 했다.

과연 그는 누구일까?

피노! 저 사람이 누구인지 알 수 있을까?

네, 알파님!

지이이잉

토마스 아퀴나스! 《신학대전》을 쓴 중세 최고의 신학자네요!

오, 역시!

토마스 아퀴나스. 유럽의 중세를 몸소 살아 본 적 있는 알파는 그의 이름을 익히 알고 있었다. 중세 최고의 지성이라고 불리는 학자의 학생 시절을 이렇게 만나다니!

토마스 아퀴나스는 아리스토텔레스의 철학을 바탕으로 기독교 신앙을 체계적으로 정리하였다. 당시 사람들은 이성이 믿음을 방해한다고 생각했지만 그는 달랐다. 이성을 통해 신의 존재를 증명하고 진리를 설명한 것이었다.

그는 60권이 넘는 책을 썼는데, 그중 가장 유명한 책이 《신학대전》이었다. 신학과 철학을 체계적으로 정리하였고 그 방대한 양으로도 유명하다. 현대 기준으로는 약 500만 단어에 달하는 대작으로 신학의 백과사전 같은 역할을 한 저서였으니 말이다.

알파 일행은 토마스 아퀴나스와의 대화를 떠올리며 중세의 거리를 걸었다. 대학생들은 여전히 활발하게 토론하고 깊이 있게 독서를 하며 지식을 쌓고 있었다. 어떤 이들은 연설을 통해 자신의 연구 내용을 다른 사람에게 설파했고, 이를 듣고 날카로운 질문을 던지는 이도 있었다.

"채사장님, 알파 님, 중세는 참 아름다운 시대인 것 같아요."

피노가 거리를 둘러보며 수줍은 듯 이야기했다.

"많은 사람들이 중세를 암흑기라고 말하지만 제가 봤을 땐 그렇지 않아요. 철학자들은 신과 인간의 관계 속에서 진리를 찾으려고 노력했고, 이성을 통해 증명하려고 했어요. 지적으로도, 예술적으로도 정말 풍요로운 시절이에요!"

채는 꿈꾸듯 말하는 피노를 보며 고개를 끄덕였다.

"피노 네 말대로 중세를 새롭게 평가할 필요가 있어. 중세는 대학이 처음 태어난 시기일 뿐 아니라 건축, 미술, 문학에서도 예술적 가치를 드러낸 시기니까."

그들은 스테인드글라스를 통해 들어오는 다양한 색채의 따뜻한 빛처럼 지혜로 가득 찬 거리를 걸으며 이 시대가 지닌 특별한 풍요를 느껴 보았다.

그러나 슬프게도 이 감동은 오래 가지 못했다.

"하지만……, 머지않아 중세의 가을이 다가오겠지."

채는 발을 멈추고 저 먼 곳을 바라보았다.

"중세의 가을?"

피노는 불안해 하며 되물었다. 가을이라니. 가장 풍요로우면
서도 생명력이 사그러지는 계절 아닌가.

그 순간, 그들이 서 있는 가상 세계에 찬 바람이 휭 하니 불더
니 시커먼 먹구름이 덮치며 순식간에 주변이 어두워졌다.

기독교와 중세철학

예수 그리스도의 죽음 이후 남겨진 사도들의 노력으로 기독교는 빠르게 유럽 사회로 퍼져나갔어요. 그러나 초기의 기독교는 너무 신비적인 측면이 강했고 유대교와도 명확하게 구분되지 않았기 때문에 다양한 문화권에서 받아들여지기 어려웠어요. 이런 이질감 때문에 로마 제국의 탄압 대상이 되기도 했지요.

○ 교부철학

기독교를 지켜 내기 위해서는 합리적이고 이성적인 이론이 필요했어요. 이러한 일을 수행한 사람들을 교회의 아버지라는 뜻의 '교부'라고 부르고, 교부들이 만든 이념을 '교부철학'이라고 해요. 가장 널리 알려진 교부로는 4~5세기에 활동한 아우구스티누스가 있어요. 그는 기독교 사상을 보편적으로 정리하기 위해 플라톤의 이데아 사상을 차용했어요. 신플라톤주의에서는 세계의 근원이 일자이고, 이 일자로부터 모든 것이 나온다고 말했어요. 유일신 사상인 기독교 사상과 유사하다는 게 눈에 보이지요?

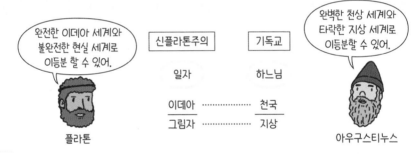

○ 스콜라철학

스콜라철학은 기독교를 학문적으로 정립한 교부철학의 내용을 더욱 세밀하게 다듬었어요. 스콜라철학 중기에 이르러서는 아리스토텔레스의 사상을 도입했어요. 그동안 기독교에서 깊이 다루지 않았던 현실적인 세계에 대한 분석도 이루어진 거예요. 플라톤주의와 아리스토텔레스주의의 대립을 보여 주는 사례가 바로 보편 논쟁이에요.

중세철학의 거장들

아우구스티누스

아우구스티누스(354~430)

아우구스티누스는 354년 북아프리카 타가스테에서 태어났다. 그는 기독교 신앙을 가진 어머니와는 달리 젊은 시절 방탕한 생활을 하며 쾌락을 추구했다고 한다. 한때는 유행하던 마니교에 빠졌지만 마니교는 도덕적 삶에 대한 모범이나 지적 만족을 주지 못했고, 결국 그는 이를 떠나게 된다.

이후 아우구스티누스는 신플라톤주의를 접하면서 기독교 신앙을 지적으로 이해하기 시작했다. 특히, 이론적 능력은 자신보다 약한 기독교인들이 도덕적으로 살아가는 모습을 보고 큰 영향을 받아 기독교로 개종을 결심한다. 그 후 그는 고대 철학과 기독교 신앙을 종합한 신학자가 되어 고대와 중세를 연결하는 다리 역할을 했다. 그는 기독교와 신플라톤주의를 결합하였고, 인간의 내면과 신의 관계를 탐구하는 데 초점을 맞췄다. 그의 대표작 《고백론》은 자신의 내면적 갈등과 삶의 변화, 신을 향한 여정을 고백한 자전적 작품이다.

토마스 아퀴나스

토마스 아퀴나스(1225~1274)

토마스 아퀴나스는 1225년 이탈리아 나폴리 근처에서 태어났다. 그는 나폴리 대학교에서 공부하며 학문적 기반을 닦은 이후, 청빈과 가난을 강조하는 도미니크 수도회에 들어간다. 부유한 귀족인 그의 가족은 토마스가 가난한 삶을 선택하자 그를 감금하거나 유혹까지 하며 반대했다. 하지만 토마스 아퀴나스는 끝까지 자신의 신앙과 소명을 굽히지 않았다. 당시 유럽에서는 아리스토텔레스 철학이 널리 퍼지고 있었는데 토마스 아퀴나스는 아리스토텔레스의 논리 체계를 활용해 신의 존재와 기독교 교리의 합리성을 증명했다. 토마스 아퀴나스의 가장 중요한 저서인 《신학대전》은 그의 사상의 집대성으로 평가받는다. 1265년경부터 1273년까지 약 8년간 집필했으나, 제3부는 완성하지 못한 채 사망했다.

가로세로 낱말풀이

숨 가쁘게 철학 여행을 함께 한 친구들, 모두 수고했어. 마지막으로 가로세로 낱말풀이를 통해 배운 것들을 확인해 보도록 하자.

가로

① 만물의 원리는 수라고 주장한 고대 그리스의 수학자, 철학자. 직각 삼각형의 빗변의 제곱은 두 변 제곱의 합과 같다는 ○○○○○의 정리가 유명하다.

② 공간 속 도형의 성질에 대한 학문. 플라톤은 그의 학교 현판에 이것을 모르는 자, 들어오지 말라고 써 놓았다.

③ '무지'의 중요성을 강조한 고대 그리스의 철학자로 플라톤의 스승. 산파술로 유명하다.

④ 독이 든 잔. 소크라테스는 지하 감옥에서 이것을 마시고 숨을 거두었다.

⑤ 기독교의 교부. 신플라톤주의와 기독교를 연결하였다.

⑥ 고대 그리스의 사람들이 모이는 장터나 집회 공간.

⑦ 철학의 세 가지 관점에 절대적인 진리가 존재한다고 믿는 입장.

세로

㉠ 중세 유럽에서 이루어진 신학 중심 철학. 현재 '스쿨'의 어원이다.

㉡ 토마스 아퀴나스의 대표적 저서로 스콜라철학을 종합하고 완성하였다.

㉢ 예수 그리스도를 구세주로 믿는 종교. 유다 지역에서 출발하여 로마의 국교가 되었으며 서양 문화의 한 축을 이룬다.

㉣ 고대 그리스의 대표적 도시국가로 민주주의가 최초로 시작된 곳이다.

㉤ 급성 열성 전염병으로 흑사병이라고도 한다.

㉥ 인간이 진리에 대해 확실한 지식을 가질 수 있는 것부터 의심하는 태도. ○○주의.

㉦ 유럽 중세 건축 양식의 하나로 뾰족한 첨탑과 스테인드글라스가 특징이다.

에필로그

새로운
시대를 향해

중세의 가을이 시작되었어. 사람들이 흔히 말하는 암흑기가 펼쳐졌지. 유럽에 페스트가 퍼지자 많은 사람들이 죽어나가기 시작했고 사람들은 원인을 알 수 없는 전염병에 괴로워했어.

어떤 이들은 채찍으로 자신의 몸을 때리며 이 마을 저 마을을 돌아다녔어.

여기저기에서 학살이 이루어졌고, 종교와 관련된 길고 지루한 전쟁도 계속되었어. 여자와 아이들은 살해당하고 농민들은 강도와 도둑으로 변했어. 굶주림과 전염병으로 더욱 많은 사람들이 죽어갔으며, 사람들은 점점 더 끔찍한 광기에 사로잡혔지. 권력만을 추구한 교황들은 존재하지도 않는 마녀를 잡아 오라는 명령을 내리기도 했어. 죽음에 대한 공포는 사람들을 더욱 더 사치와 향락으로 내몰았어. 빛나던 중세철학의 정신은 빛을 잃은 지 오래였고 말이야.

안개가 자욱한 무덤가, 채 일행은 희생 당한
이들이 묻힌 무덤가를 걷고 있었어.

흑흑.

피노,
괜찮아?

정말…
너무해요.

이런 인간은 조금도
아름답지 않아요.

콰 광

콰르릉

이런 게 인간이라면……,
저는 인간이 되는 걸 포기할래요.

피노…….

쏴아아아

흑흑

쏟아지는 비를 맞으며 피노는 엉엉 울었어.

160

최종 정리

어린이 여러분, 안녕하세요? 채사장입니다.

고대 그리스에서 중세 유럽까지 알파 일행과 함께 한 철학 여행이 어땠나요? 우리 배운 것을 복습하며 철학사의 핵심을 정리해 보도록 해요.

진리를 바라보는 관점은 크게 세 가지로 나뉘어요. 바로 절대주의, 상대주의, 회의주의이지요.

소크라테스의 사상을 이어받은 플라톤은 절대적인 진리의 세계인 이데아를 제시했어요. 반면 아리스토텔레스의 주된 관심사는 현실의 존재였어요. 아리스토텔레스는 현실 세계에 존재하는 개체들을 '질료'와 '형상'으로 구분하고 탐구를 시작했어요.

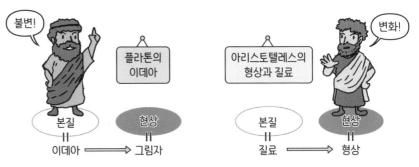

중세 천 년은 유일신 중심의 절대주의 시대였어요. 이론적 토대를 제공한 세계관은 플라톤의 절대주의였어요. 중세 후기에는 아리스토텔레스의 상대주의 관점이 보편 논쟁을 중심으로 등장했지요.

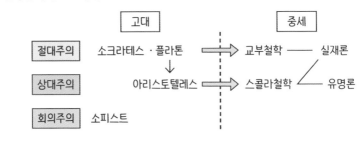

인류는 절대적이고 보편적이며 불변하는 진리를 탐구하기 위해 다양한 관점에서 질문을 던졌어요. 그리고 그 질문들은 시대의 흐름에 맞춰 다양한 철학적 관점으로 발전되었지요. 우리 시대에 필요한 철학적 질문은 무엇일까요?

① 현대 기술과 문명은 인류가 찾고자 하는 것들에 손 쉽게 다가갈 수 있게 해 주었어요. 하지만 과학이 있음에도 불구하고 우리가 철학을 공부해야 하는 이유는 무엇일까요? 철학과 과학은 어떤 면에서 차이가 있을까요?

② 절대주의 철학자들은 이 세계 너머에 영원불멸한 절대적 진리가 있다고 믿었어요. 상대주의 철학자들은 우리가 살고 있는 현실 세계가 더 중요하다고 강조했지요. 여러분의 생각은 어떤가요? 이상과 현실 중에 우리는 무엇에 더 집중해야 할까요?

③ 중세는 신 중심 사회였어요. 신앙심을 기반으로 학문과 예술이 발전한 시기지요. 중세 시대 철학은 고대 그리스 철학과 어떤 차이가 있었을까요? 중세 시대 철학을 통해 우리 인류가 얻은 것과 잃은 것은 무엇이었을까요?

중세가 저물고 다시 인간의 이성이 중심이 된 시대, 철학자들은 절대주의, 상대주의, 회의주의 중 어떤 입장을 취했을까요? 13권에서 알아봐요.

정답

46p

Break Time
다른 그림 찾기

74p

Break Time
소크라테스의 질문

예시

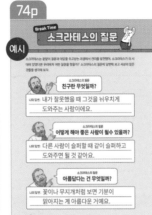

소크라테스의 질문
친구란 무엇일까?

나의 답변: 내가 잘못했을 때 그것을 뉘우치게 도와주는 사람이에요.

소크라테스의 질문
어떻게 해야 좋은 사람이 될수 있을까?

나의 답변: 다른 사람이 슬퍼할 때 같이 슬퍼하고 도와주면 될 것 같아요.

소크라테스의 질문
아름답다는 건 무엇일까?

나의 답변: 꽃이나 무지개처럼 보면 기분이 맑아지는 게 아름다운 거예요.

100p

Break Time
동굴 밖으로 벗어나

126p

Break Time
아리스토텔레스의 삼단논법

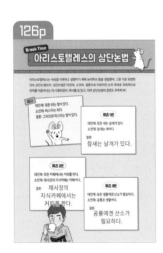

156p

Break Time
가로세로 낱말풀이

근대부터 현대까지의 철학사를 13권에서 만나보세요!

철학자의 질문 노트

아주 먼 고대에서 중세, 근대에 이르기까지
지혜를 사랑했던 철학자들은 세상을 향해 많은 질문을 던졌어요.
그들이 지금 우리 곁에 있다면, 어떤 질문을 했을까요?
과거의 철학자들과 대화를 할 수 있다면 무슨 이야기를 나누게 될까요?
이 노트를 통해 나의 생각을 정리하고 넓혀 보세요.

철학자의 질문 노트 사용법

Step1 철학자들의 질문을 잘 읽어 보세요.

이 노트에 나온 철학자들은 각자의 시대와 사조를 대표하는 인물들이에요.
이들의 질문에서 핵심적인 단어는 무엇인지 찾아보세요.
활동하던 시대에 어떤 일이 있었는지, 당시 사람들이 어떤 생각을 주고받았는지 노트에 나오지 않은 부분들까지 조사해 보아도 좋겠지요?

Step2 질문을 읽고 천천히 생각해 보세요.

철학자들의 질문을 읽으면 어떤 생각이 드나요?
정해진 답은 없어요. 이 질문에 대한 답도 좋고 여기에서 파생된 나의 생각을 정리해서 써도 좋아요. 단답형의 답변이나 너무 짧은 글보다는 근거와 예시를 들어서 충분한 길이의 문장을 쓰도록 노력해 보세요. 더 자유롭게 대답하고 싶다면 네 컷 만화나 그림으로 표현해도 좋아요.

Step3 각자의 생각을 나누고 토론해 보세요.

다른 친구들은 어떤 생각을 가지고 있을까요? 부모님은 또 어떤 대답을 해 주실까요?
우리는 저마다 어떤 질문에 대한 답을 고민하며 살아가고 있어요. 다른 사람들에게 질문하고 대답을 나누어 보세요. 나누다 보면 생각이 더 넓어지고 깊어질 거예요. 내가 보지 못했던 새로운 관점을 발견하는 것은 큰 기쁨이랍니다.

소크라테스

너는 친구들과 어떤 방식으로 대화를 하니? 진심으로 친구들의 이야기를 들어주고 있니? 우리가 대화 속에서 서로를 이해하려면 어떻게 해야 할까?

소크라테스 (B.C. 470?~399, 고대 그리스)

고대 그리스의 민주주의가 꽃피던 시대, 소크라테스는 진실과 지혜를 찾기 위해 '대화'라는 방법을 사용했다. 그는 사람들과 질문하고 대답하며 진짜 필요한 앎이 무엇인지 함께 찾아가는 철학자였다. 질문과 대답을 통해 자신의 무지를 인정하는 데서 진리 탐구를 시작하는 '산파술'로 유명하다.

나는 이렇게 생각해요

플라톤 (B.C. 428?~347?, 고대 그리스)

소크라테스의 제자인 플라톤은 이상적인 세상을 꿈꾸며 철학을 발전시켰다. 그는 '이데아'라는 개념을
통해 눈에 보이는 현실 너머에 더 완전한 세계가 있다고 믿었다. 플라톤은 아카데메이아라는 학교를 세워
철학과 과학을 연구하며 많은 제자를 길러 냈다.

나는 이렇게 생각해요

아리스토텔레스

> 우리는 평범한 질료로 이루어진 존재지만 더 나은 사람이 되기 위해 노력할 수 있어. 네가 가진 재능을 키우고 스스로를 발전시키려면 어떤 습관을 가져야 할까?

아리스토텔레스 (B.C. 384~322, 고대 그리스)

플라톤의 제자인 아리스토텔레스는 세상을 탐구하고 체계적으로 정리하는 데 뛰어난 철학자였다. 그는 자연, 윤리, 정치 등 다양한 주제를 다루며 '인간은 사회적 동물'이라는 말을 남겼다. 그의 철학은 중세 유럽과 근대 철학에도 큰 영향을 주었다.

나는 이렇게 생각해요

아우구스티누스

사랑은 정말 세상에서 가장 소중한 가치일까? 그렇다면 모든 사랑은 무조건 옳고 선하다고 볼 수 있을까? 우리 인간은 무엇을 사랑해야 할까?

아우구스티누스 (354~430, 로마 제국 말기)

아우구스티누스는 초기 기독교 철학의 대표적인 인물로, 신앙과 이성을 결합한 사상가다. 그는 《고백록》에서 자신의 삶과 신앙의 고민을 솔직히 기록하며, 신앙의 본질과 인간의 자유의지를 깊이 탐구했다. 그는 사랑을 인간 삶의 중심으로 보았고, 인간은 자유의지를 통해 무엇을 사랑할지 결정해야 한다고 말했다.

나는 이렇게 생각해요

토마스 아퀴나스

토마스 아퀴나스 (1225?~1274, 중세 유럽)

토마스 아퀴나스는 신앙과 이성을 조화시키려 했던 스콜라 철학의 대가였다. 그는 아리스토텔레스의 철학을 받아들여 신학 체계를 정리하고, 모든 존재가 목적을 가진다고 주장했다. 그는 보이지 않는 신의 존재를 논리적으로 이해하려고 했다. 그의 대표작인 《신학대전》은 기독교 신학의 핵심으로 꼽힌다.

나는 이렇게 생각해요

데카르트

'내가 정말 이 세상에
존재하고 있구나!'
라고 느끼는 순간이 있었니?
너 스스로를 어떻게
확신할 수 있니?
우리는 어떻게 해야
'나는 누구인가?'에 대한
답을 찾을 수 있을까?

데카르트 (1596~1650, 근대 유럽)

근대 철학의 아버지라 불리는 데카르트는 '나는 생각한다, 고로 존재한다'라는 명제로 유명하다. 그는 확실한 지식을 찾기 위해 모든 것을 의심하고, 이성을 통해 진리를 탐구했다. 그의 철학은 근대 과학과 사상의 기초를 마련했다.

나는 이렇게 생각해요

베이컨 (1561~1626, 영국 르네상스)

프란시스 베이컨은 과학적 방법론의 기초를 세운 영국의 철학자이자 정치가다. 그는 "아는 것이 힘이다"라고 주장하며 스콜라 철학을 비판하고 경험과 실험을 통해 자연을 이해해야 한다고 강조했다. 관찰과 실험에 기초한 그의 귀납법은 현대 과학의 발달에 중요한 역할을 했다.

나는 이렇게 생각해요

스피노자

> 자연과 사람,
> 그리고 모든 것이
> 서로 연결되어 있다는 걸
> 느껴 본 적 있니?
> 우리가 이 세상에서
> 조화롭게 살아가려면
> 어떻게 해야 할까?

스피노자 (1632~1677, 네덜란드 근대 철학)

스피노자는 모든 것이 신 안에 존재한다고 보며, 자연과 신을 동일시한 철학자였다. 그는 '신은 곧 자연이다(Deus sive Natura)'라는 사상으로 유명하며, 세상 만물이 하나의 통일된 실체로 연결되어 있다고 주장했다. 그의 철학은 감정과 욕망을 이해하고 조화로운 삶을 추구하는 데 도움을 주었다.

나는 이렇게 생각해요

로크

> 처음 무언가를 배울 때는 아무것도 모르는 상태였지만 경험을 통해 점점 많은 것을 알게 되지. 살면서 배운 것 중에 가장 인상 깊었던 것은 무엇이었니? 앞으로는 무엇을 더 배우고 싶니?

로크 (1632~1704, 영국 계몽주의)

존 로크는 경험주의 철학의 아버지로, 인간의 마음을 '비어 있는 칠판(Tabula Rasa)'에 비유했다. 그는 경험을 통해 지식이 형성된다고 믿었으며, 현대 민주주의의 기초가 된 사회계약설을 발전시켰다. 그의 사상은 미국 독립 선언과 유럽 계몽주의에 큰 영향을 주었다.

나는 이렇게 생각해요

칸트

우리 인간은 항상 옳은 행동을 할 수 있을까? 무엇이 정말로 옳은 일인지 어떻게 판단할 수 있을까? 우리가 어떻게 해야 다른 사람에게 상처를 주지 않고 모두 행복해질 수 있을까?

칸트 (1724~1804, 독일 계몽주의)

칸트는 계몽주의 시대를 대표하는 철학자로, 인간의 이성과 도덕적 책임에 대해 깊이 탐구했다. 그는 "모든 사람이 그렇게 행동해도 괜찮은지 생각하라"는 '정언명령'을 제시했다. 그의 철학은 윤리와 자유의 문제를 깊이 고민하게 해 준다.

나는 이렇게 생각해요

니체 (1844~1900, 독일 근대 철학)

니체는 전통적 가치와 도덕에 의문을 던지며 인간의 가능성을 강조한 철학자다. '신은 죽었다'라는 그의 선언은 당시 유럽 사회에 큰 충격을 주었다. 그는 우리 각자가 스스로의 가치를 창조하며 초인으로 나아가야 한다고 주장했다.

나는 이렇게 생각해요

하이데거

하이데거 (1889~1976, 독일 현대 철학)

하이데거는 인간 존재와 시간을 탐구한 실존주의 철학자다. 그는 대표작 《존재와 시간》에서 '우리는 존재를 어떻게 이해하는가?'라는 질문을 던졌다. 하이데거는 인간이 자신의 죽음을 자각하며 진정한 삶의 의미를 찾을 수 있다고 주장했다.

나는 이렇게 생각해요

샤르트르

우리는 아침에
눈 떠서 잠들기까지
끊임없이 선택을 하며
살고 있어.
최근에 네가 한 선택 중에
가장 중요하다고
생각한 게 있니?
그 선택이 네 삶에
어떤 영향을 줄 거라고
생각하니?

샤르트르 (1905~1980, 프랑스 실존주의)

샤르트르는 인간이 자유롭게 선택하고 그 결과에 책임져야 한다고 강조한 실존주의 철학자다. 그는 '실존
이 본질에 앞선다'고 주장하며, 각자가 스스로의 삶을 만들어 가는 존재임을 강조했다. 그의 철학은 현대
문학과 예술에도 큰 영향을 미쳤다.

나는 이렇게 생각해요

세상을 향한 나의 질문
"나는 이렇게 묻고 싶어요!"

나는 이렇게 생각해요

생각하고, 질문하고, 실천하라!

✳ 인공지능 시대의 가장 필요한 능력은 사유하고 질문하는 철학의 힘이다!

역사 속 철학자들의 이야기가 궁금하다면,
시대를 관통하는 가르침을 얻고 싶다면,
다양한 사람들의 생각을 이해하고 싶다면,
철학이 어떻게 우리 삶을 바꾸는지 알고 싶다면,
자신 있게 권하는 단 하나의 아동 인문학 도서!

◆

이제 꼬마 철학자들과 함께 토론할 시간
세상을 향한 아이의 질문이 미래를 준비하는 힘이 된다!

소크라테스, 플라톤, 아리스토텔레스부터 니체, 하이데거, 사르트르까지!!
하나의 이야기로 꿰어 보는 철학사의 비밀
자, 진짜 세상을 이해하는 인문학 여행을 떠나 볼까?

비매품

제품명 : 채사장의 지대넓얕12 부록(철학자의 질문노트)
제조자명 : (주)돌핀북 주소 : 서울시 마포구 토정로 47, 701
전화번호 : 02-322-7182 사용연령 : 3세 이상 제조연월 : 2025.1
제조국명 : 대한민국